AQUARIUS

AQUARIUS

AQUARIUS

AQUARIUS

Vision

一些人物，
一些視野，
一些觀點，
與一個全新的遠景！

心理防衛

壓抑、投射、成癮……
我們用傷人傷己的方式
保護自己嗎？

洪培芸心理師 著

【推薦序】

那些停不下來、擺脫不了的強迫行為，原來都是心理防衛機制在作祟！

／陳志恆（諮商心理師、暢銷作家、臺灣ＮＬＰ學會副理事長）

如果你是對心理領域有所鑽研，對於「心理防衛機制」一定不陌生。還記得，碩士班時「諮商理論」的第一章，就是佛洛依德的精神分析學派，裡頭就談到了心理防衛機制。當時初次接觸，感到頗有道理，但仍一知半解；為了把它們全背起來，還自創了一套口訣。

隨著實務經驗越來越豐富，對人類行為的觀察也越精準後，更加佩服心理治療老祖宗佛洛依德先生的洞見。心理防衛機制的確不斷出現在人的生活中，而許多心理困擾者，都是不自覺地過度使用某種或某幾項心理防衛機制。

洪培芸心理師在《心理防衛——壓抑、投射、成癮……我們用傷人傷己的方式保護自己嗎？》這本書中寫到，心理防衛機制是「不成熟的生存策略。換言之，也就是『用錯誤的方式保護自己』，藉此避免日常生活中，人際互動時，漫長生命裡，每個人都必然會有的內在焦慮、衝突，甚至是極大的痛苦。」

所以，與其說是「防衛機制」，不如說是「保護機制」。那些潛意識裡不被辨識出來的行為模式，正是要保護自我免於被龐大的痛苦情緒給淹沒。行為一旦有功能，就會被保留下來，並且不斷出現。久了，便以各種「成癮」的形式表現出來，為生活帶來更多困擾。

曾有個母親來找我談話。她說，自己的孩子都已長大離家。自子女出外上大學後，就很少回來，也很少聯絡；都是她主動打電話給孩子。

她大嘆：「他們怎麼都不想想，父母年紀大了，應該要更主動聯絡，每天打個電話問安也好呀！」但每次她和孩子這麼說，孩子就推說很忙，沒時間每天聯絡。

我問：「那麼，在電話中，你們都聊些什麼呢？」

「沒什麼，我就問他們最近在忙什麼，然後叮嚀他們一些事情。」

叮嚀些什麼呢？老大結婚多年還沒有小孩，老母親就一直催生；老二到了適婚年齡還單身，老母親就催促他要加把勁；老么大學畢業了還沒正職工作，老母親就一直要求他去準備公職考試。

「他們都嫌我煩，唉！可是，天下父母心呀！」

「天下父母心」這句話看似有道理，同時可以拿來「合理化」她對子女的過度擔心。也可以想見，這位母親的內心有龐大的焦慮、不安甚至恐懼，便透過過度關心的形式來展現，每天打電話給子女講重複的事情，令子女感到厭煩、不堪其擾。子女們自然也閃著母親，不願意與母親有更多互動。

而當談到內心對子女的擔憂時，她便會以一句「天下父母心」帶過，「合理化」自己過度擔心與過度關心的舉動，這便是一種心理防衛機制。

無奈，子女聽到「天下父母心」這句話，並沒有因此比較體諒母親，只是更感壓力山大，更不想與母親有更多互動。

事實上，這位母親要處理的，是自己內心的不安。她以為是子女的「不夠成熟」讓她操心；事實上，她的內在本就充滿不安全感，這才是她需要去面對與處理的重點。

除了合理化之外，常見的心理防衛機制還有很多，諸如否認、壓抑、反向、補償、替代、退化、投射、理智化……等。當某幾項心理防衛機制主導了一個人的人際與行為模式後，就會反覆出現一些停不下來的強迫行為，就算帶來許多困擾，卻又改不過來。

其實，如果你夠留心，就算不是心理困擾者，也常會不自覺地出現心理防衛機制。像是，我女兒才三歲半，有一次用餐時把碗打翻，飯菜散落滿桌，她連忙說：「是那個碗自己倒掉的！」

這顯然背離事實，但為什麼她要這麼說？顯然，是怕被大人數落，或者覺得丟臉；而這時候，她便用上了「扭曲」這個心理防衛機制。

當我看到這一幕，也害羞了起來；因為，小的時候，我也常這樣「睜眼說瞎話」，來避免自己遭受責難。

小心，事實被扭曲久了，連自己都會相信那是真的。

如果，我們能透過心理防衛機制這套概念，去理解與看懂自己或他人生活中常見的不當行為，最終，我們會知道，重要的不是去矯正那些不當行為，而是願意去靠近、接納、安頓或轉化內心裡的痛苦情緒。當情緒獲得釋放，有了新的出口，那這些同時具有保護與破壞作用的心理防衛機制，便可以退場休息，不當行為也有減緩或停止的可能。

洪培芸心理師的大作《心理防衛——壓抑、投射、成癮……我們用傷人傷己的方式保護自己嗎？》，把精神分析治療理論中的重要觀點，用深入淺出及生活化的方式，讓普羅大眾都能明白理解。閱讀這本書，能幫助你提升自我覺察；在充分自覺下，做出改變，而與真正的幸福更靠近一些。

陳志恆：諮商心理師、暢銷作家，現任臺灣NLP學會副理事長。著有《脫癮而出不迷網》、《正向聚焦》、《擁抱刺蝟孩子》、《叛逆有理、獨立無罪》、《此人進廠維修中》等暢銷書。

【推薦序】

明白心理防衛機制，知己知彼，百戰百勝

／楊聰財（身心診所院長、醫學博士）

爭執與衝突，而引起「意識上」無法負荷的焦慮或不安時，人們會在「不知不覺」中，用一些方法來歪曲事實，以保護自己，免因面對現實而引起的心靈創痛。佛洛伊德稱此為「防衛機制」，是個人用來降低焦慮、減少內心爭執和不安的「潛意識」過程。

為了適應生活所面臨的壓力，適當地使用防衛機制是必要的，但過分使用或當它變成支配角色時，就會造成人格適應不良或失調。

心理防衛機制可以單一地表達，也可以多種機制同時使用。

以下按照心理成熟度分類：

1自戀型心理防衛機制（一級防衛機制）：包括否定、歪曲、投射，它是一個人在嬰兒早期常常使用的心理機制。早期嬰兒的心理狀態，是屬於自戀樣貌，代表只照顧自己，只愛戀自己，不會關心他人，加上嬰兒的「自我界限」尚未形成，因此嬰兒常輕易地否定、抹殺或歪曲事實，這些心理機制即為自戀型心理機制。但若一個成年人常使用、運用「自戀機制」來進行自我心理防禦，這是很危險的。

2不成熟型心理防衛機制（二級防衛機制）：此類機制出現於青春期，但若出現在成年人中，也屬於正常。包括內向投射、退化、幻想等。

3神經型心理防衛機制（三級防衛機制）：這是兒童「自我」機制的進一步成熟表現，在兒童逐漸能分辨什麼是自己的衝動、欲望，什麼是實現要求與規範之後，處理內心掙扎時所表現出來的心理機制。

4成熟型心理防衛機制（四級防衛機制）：是「自我」發展成熟之後才能表現的防禦機制。其防禦方法不但比較有效，而且可以解除或處理現實的困難、滿足自我欲望與本能，也能為一般社會文化所接受。這種成熟的防衛機制包括壓抑、昇華、補償、幽默等。

先談談最基本常用的心理防衛機制：較原始的防衛機制主要是「壓抑」作用，而其他的防衛機制也皆與壓抑有關。將威脅性較大而不被意識所接受的痛苦、想法、感情或衝動，在不知不覺中排除到意識外，以避免經驗到焦慮，而保持心境之安寧。

壓抑與有意識的壓抑（suppression）不同。壓抑是有計畫的自我控制過程，用來暫時排開不適合表達的情緒。但一些會引起羞恥感、罪惡感或自卑的情緒或記憶，經由壓抑作用之後無法自由浮現在意識中，如：對於所依賴的人所產生的負面情緒，通常會被壓抑到潛意識中，以避免因憎恨依賴對象而引起焦慮；但被壓抑的情緒通常會以其他方式呈現。

另一個常用的心理防衛機制：投射作用（Projection），也稱外射，是將一切不愉快遭遇，諉過於他人或環境，藉以掩飾並防衛自己，作為解決挫折、衝突及維護自尊的手段。

習慣將自己不愉快的遭遇認為是他人所致，或將自己無法接受的情感、情緒、內心本意等等，投影至他人身上；認為並非自己所想，而是他人緣故才導致產生（負面的）行為。俗諺中的五十步笑百步、龜笑鱉無尾、以小人之心度君子之腹，都是類似的原理。

在日常生活中，學生在考試時想要作弊，便以投射作用，認為其他學生一定也想以作弊取勝，「既然別人都這樣想了，那也不差我一個」，以藉此減低罪惡感。

投射作用通常有兩個目的，第一個是使用比較小的危險來替代比較大的危險，藉以降低焦慮；第二是使用保護自己的方法，以表達個人的衝動。

誠如作者洪培芸心理師所述，這本書的主要目的，是引領大家一同了解心理防衛機制的目的，並走入自我探索，進而瞭解他人想法的一趟旅程。她期許讀者們都能看穿不成熟的生存策略，是如何束縛、左右，甚至影響我們與他人的關係，以及所有人的一生。

不過，運用心理防衛機制，阻隔讓自己感到不快、痛苦的情緒，而不去實際面對應當處理及負起責任的事，甚至引起更多負面影響，其實是每個人生命及成長過程中都必然經歷的事。為什麼呢？因為每個人的一生都在學習，學習如何從不成熟的生存策略，逐漸進化到使用成熟的生存策略，以作為我們應對外界及因應壓力的方式。

最後，洪培芸心理師也想提醒大家，在看穿情緒的作用力，給人性陰暗面更多的餘裕，而逐漸發展出「完整」的自己前，我們需要做的面對與整合內心陰影，這部分也不能心急，請逐步踏實，因為它就如同建造羅馬一般，是一件極為浩大的工程。

若想更明白心理防衛機制，趕快購買來閱讀吧。

【前言】

我們是否都用了錯誤的方式保護自己？

他堅決否認自己在工作上出了問題。他表示一切依舊，絕對不可能遭到裁員，一再表明他可是主管眼中的紅人，資遣哪裡輪得到他。是太太捕風捉影，是太太小題大做，吃飽撐著，唯恐天下不亂。

但實際上，受到全球新冠肺炎疫情的影響，廠房陸陸續續關閉，公司需要的人力自然更是少了，也就持續聽說下一個開刀的部門及人選會是他。

但這些，他哪裡能承受？他可是一家之主，他要養家活口，還有房貸的壓力，尤其面子更是掛不住。

而這正是心理防衛機制當中的「否認」（denial）：拒絕承認讓自己感到不舒服，甚至會引發極大情緒痛苦的具體事實，藉此來阻隔情緒，捍衛自尊。

一直買，一直吃；再一直買，再一直吃。不斷把香酥脆口的洋芋片塞進嘴裡，不停地嗑著SNICKERS，由牛奶巧克力包裹著香脆花生、濃郁焦糖及牛軋糖，甜度極高的巧克力棒，喝著波霸奶茶加布丁，再吃香噴噴、油滋滋，全台灣人無人不知、無人不曉，更是無人不愛的經典小吃：鹹酥雞。她怎麼樣也無法停止下來，明明肚子一點都不餓，甚至已經飽到撐了，卻還是無法停止進食，也就是所謂的暴飲暴食。

這正是心理防衛機制當中的「壓抑」（repression）作用正在運行。

每當產生緊張、焦慮及空虛等負面情緒，感到壓力巨大時，有意識地壓制自己不去接觸、思考及處理引發痛苦情緒的真正癥結，然而不愉快的情緒感受仍是存在的，為了減少痛苦感受的強度，就成為了外顯行為上的食物成癮。

她剛從警衛室離開，從保全先生那裡領取包裹，進而扛著四個大小不一的紙盒，搭乘電梯，回到她租屋的樓層。

紙盒裡，全是她透過網路購物的商品。有三件洋裝、有成套內衣，也有時下最夯的肉桂捲，還有標榜跑步專用的穿戴式智慧手錶，據說可以監測心律及記錄每日步數。殊不知，她根本沒有運動習慣，能躺就不坐，能坐就不站，但她還是買了，並且一買再買，每個月要繳交的信用卡帳單，都要透過分期付款。

洋裝總是會穿到的，內衣也是消耗品，肉桂捲可以當成午餐，至於智慧型手錶可以用來激勵自己建立跑步習慣，不是嗎？

她透過心理防衛機制當中的「合理化」（rationalization），用看似理性、合乎邏輯，甚至很正向的方式，為自己的行為、情感及消費成癮來進行解釋及辯護，得到了購物成癮的正當性，讓身邊的人可以接受，也讓自己的心情能夠好過。

以上三個案例，你覺得熟悉嗎？或者，這些生命故事正是你的難言之隱，也是心中最深的痛。

心理防衛機制（self-defence-mechanism）來自於奧地利心理學家，精神分析學派創始人西格蒙・佛洛伊德（Sigmund Freud）。他提出了許多心理學的概念及洞見，帶給後世人無數啟發，因此也被譽為二十世紀最有影響力的思想家。

心理防衛機制究竟是什麼呢？從我心理工作的長年觀察，心理防衛機制可以定義為：**不成熟的生存策略**。換言之，也就是「**用錯誤的方式保護自己**」，藉此避免日常生活中，人際互動時，漫長生命裡，每個人都必然會有的內在焦慮、衝突，甚至是極大的痛苦。

為了降低這些不愉快的感受，為了維持自我功能的「正常」運作，所以透過各式各樣的心理防衛機制，來減緩這些負面情緒的衝擊及干擾。

是的，防衛機制並不全然都是負面的。只要不過度使用，適時地使用，能夠幫助一個人度過情緒衝擊，撐過最困窘及困難的瞬間。

然而，如果心理防衛機制過度使用了呢？尤其，心理防衛是「內在運作」，多數人都看不穿，更是摸不透。

許多人都是深受對方升起的心理防衛機制所苦，覺得自己的家人、伴侶及同事變得莫名其妙，跟過去截然不同，以前分明不是這樣，彷彿變成另外一個人。也因此，和他們相處時如坐針氈，怎麼說都不對，甚至怎麼說都錯，先是百思不得其解，進而感到痛苦，如同城門失火，殃及池魚。

尤其，使用心理防衛機制的人往往都沒有自覺，因為內在運作都是在潛意識層，都是他身邊的人叫苦連天，不知道要如何跟他相處及應對，甚至在不知不覺中陷入自責、失眠、焦慮及憂鬱……的深淵。

相當常見、可能帶來負面影響的心理防衛機制：壓抑（repression）、否認（denial）、扭曲（distortion）、投射（projection）、轉移（displacement）、反向（reaction formation）、控制（control）、合理化（rationalization）、理想化（idealization）、理智化（intellectualization）及退化（regression）。

此外，也有相對正向的、可能帶來自我成長及提升的心理防衛機制，像是昇華（sublimation）、幽默（humor）及補償（compensation）。

那麼，上述這些可能帶來負面影響的心理防衛機制，若是**化為具體可見的外顯行為**，那些看得見，還反覆出現的，又會是哪些呢？最明顯、具體的，讓許多人深陷其中，**連帶影響及傷害旁人的就是「成癮行為」**。

成癮行為種類之多，族繁不及備載。

從容易辨識且破壞力強大的毒癮，相當尋常且導致無數家庭破碎的酒精成癮，到二十一世紀的此刻，人人可能都有的網路成癮，或是用「過度努力」所包裝的工作狂，抑或是夜深人靜時的暴飲暴食、超過負擔的購物成癮、難以啟齒的性愛上癮、色情片成癮，甚至是對於名利、財富、權力上癮等都是。

簡言之，心理防衛是「內在運作」，成癮是「外顯行為」，它們可以說是一體兩面，很常見的情形就是相伴相隨。然而，並非每個人都會發展出成癮行為，有依賴程度之別。

同時，每個人傾向使用的防衛機制不同。有些人的防衛機制是單一機制運作，有些人則是多種防衛機制合併使用。

人會升起防衛機制，就是有不愉快的痛苦情緒「在先」。而情緒（不論正負）就是能量，需要出口，需要處理，需要轉化。那麼成癮行為，就是用不好的方式去處理不愉快的情緒，去轉化高漲的情緒能量。

旁觀者清，誰不知道成癮不好，我們都知道。然而，若是想要瞭解成癮行為，不能夠只看見成癮行為可能帶來的傷害及破壞，更要去看見成癮行為可能帶來益處，也就是潛在好處。正是這些微妙之處，才讓這些成癮行為能夠長期維持，難以擺脫及戒除。

成癮行為可能帶來哪些好處呢？最直接的，就是不用深入面對，也無須費力處理內心深處真正重要的議題，例如憤怒、無能、擔憂、孤單、失落、失敗、空虛、恐懼等。

光是要探究這些情緒的起源，要辨識出這些糾結纏繞的情緒，對於許多人來說，就是浩大的工程，也是終其一生反覆向內探索的旅程。

更遑論後續的情緒處理及轉化，不讓自己被心理防衛機制所左右，破壞了家庭、人際關係，甚至事業表現，尤其是發展出深陷依賴的成癮行為，連帶葬送了自己往後的大好人生。

這本書的意義，是要引領大家一同瞭解心理防衛機制的目的，走入自我探索，進而瞭解他人的旅程，看穿不成熟的生存策略，是如何束縛、左右，甚至影響了你們之間的關係，以及所有人的一

生。

不只是臨床心理工作經驗，更多時候，我回顧及檢視自己的人生，還有我身邊的親友及家人，都屢屢看見不成熟的生存策略，運用錯誤的方式保護自己，藉此避免內在的情緒痛苦，長期逃避其實可以處理的問題，是如何蠶食鯨吞掉了我們生命中的美好。尤其是成癮行為如何「反過來」主導及駕馭了一個人的思維，也占領了他的人生。

人非聖賢，我們終其一生都在學；學著走向自己的內心，學著認識自己。正如同二十世紀最具傳奇性的靈性導師克里希那穆提（J. Krishnamurti）最著名的經典名言，正是「真理是無路之境」。意思是，所有人想要尋求生命的解答，並非去加入組織，更不是去尋求外面的大師，而是要走往自己的內心。

認識心理防衛機制，明白成癮行為的形成脈絡及背後運作原理，才能從中解脫及鬆綁，進而運用適合自己的情緒轉化且沒有副作用的方式。

同時，你明白那些運用不成熟的生存策略，內在築起防衛機制高牆來面對你的人，他們不是刻意傷害你，也不是存心為難你，而是他們內心深處的焦慮、難堪、痛苦及恐懼……凌駕了他們原本有的理智，你更能升起洞察一切的智慧與同理心，而不是落入兩方交戰的陷阱，落得遍體鱗傷，賠了夫人又折兵。

學習使用成熟的生存策略，用正確的方式保護自己；看懂他人也是一邊做，一邊錯，也允許一邊學，就是生命的智慧，也是最深厚的溫柔與慈悲。

目錄

009 【推薦序】那些停不下來、擺脫不了的強迫行為，原來都是心理防衛機制在作祟！／陳志恆（諮商心理師、暢銷作家、臺灣NLP學會副理事長）

014 【推薦序】明白心理防衛機制，知己知彼，百戰百勝／楊聰財（身心診所院長、醫學博士）

018 【前言】我們是否都用了錯誤的方式保護自己？

Chapter1：我們最常使用，傷人也傷己的心理防衛＋成癮行為

034 轉移

父親在公司受了氣，回到家，看見孩子就怒罵：「你怎麼功課還沒寫？都放學超過一小時了……」

・長期累積的不愉快情緒，「轉移」成關係裡的弱肉強食與替罪羔羊。

040 壓抑與合理化

深夜裡一個人時，一直吃高熱量食物，停不下來。

・「壓抑」＋「合理化」助長食物成癮。但處理食物成癮問題，不是討論熱量、食物、體重等，而是要探究背後原因。

047 轉移與投射

靠北婆婆等社團成員真正想抱怨的對象，是枕邊人或身邊熟人。

・「轉移」與「投射」，不但帶來網路霸凌，更強化社交媒體成癮。

054 合理化

「工作太累，買個名牌包犒賞自己，帳單分期，又沒借錢，哪裡不行？」

・用人性、用善意的謊言，來「合理化」自己的成癮行為。

061 抵消

先生外遇了，卻對妻子大獻殷勤，更費心準備禮物。

・因害怕祕密被拆穿，或做錯事被發現，所以做些舉動，「抵消」愧疚或罪惡感。

目錄

068 退化

太太說：「我今天又頭痛了，你再幫我……」先生只好一再幫忙。

・以看起來「退化」的行為，獲得對方的溫柔及照顧，但這卻成為困住彼此的牢籠。

075 反向作用

許多父母明明希望兒女能幸福，但卻總說反話，甚至撂狠話。

・用「反向作用」表達愛，只會將對方推得更遠。

082 控制

你的手機通話時間、你幾點出門……都是他干涉的範圍。

・習慣以「控制」與人互動的人，會讓身邊的人都覺得好累。

089 抽離與認同

為什麼現代人那麼在乎「網路形象」？為什麼社交媒體成癮如此嚴重？

・多數人將臉書按讚數當作自我價值感的來源，但那其實是透過「抽離」與「認同」，以迴避現實生活中的不如意。

Chapte2：那些逃避的心理防衛＋成癮行為，讓我們自我懷疑與否定

098 **扭曲**

他總覺得有人要害他，因此去搶劫，因為警察局最安全。

・**以「扭曲」事實來保護自己，令人唏噓，但若及早發現，其實是有機會面對、調整及處理。**

106 **理想化**

「別人的老公就是比較貼心。」「人家的老婆就是格外溫柔。」

・**被你「理想化」的情人，事實上並不存在。你只會失去認識對方的機會，以及無法學習到真正的親密關係相處。**

113 **認同**

臉書或ＩＧ照片狂修圖，每張照片都是競賽，背後都是比較、焦慮與憂鬱。

・**最好的「認同」對象，就是你自己。你有缺點，也有優點，更有屬於你的獨特。**

目錄

120 理智化
「失戀誰沒有過，我不會哭，也不傷心。」
・「理智化」是最完美的心理防衛，他們常將更好的自己掛在嘴邊，而追求更好的自己背後，是對當前自己的無法接納。

127 合理化
「只要吃藥就會好了。醫生說的話，我都有在聽啊！妳憑什麼管這麼多？嘮叨鬼……」先生對妻子怒吼。
・以專業及權威「合理化」自己的行為，為自己的行為背書，卻更迴避原本的問題。

134 投射與理想化
為什麼你剛愛上對方時，對方是完美情人，一交往，全破滅？
・愛情裡的「投射」與「理想化」，讓你讓渡了屬於自己的優點，加總與加乘，神化了你眼前的這個人。

141 否認、投射與反向作用
為什麼愛情會有試探、口是心非，讓人焦慮與煎熬？
・愛情裡的「否認」、「投射」及「反向作用」混合使用，是來自於恐懼與不安。擔心自己全然付出，卻被當成傻瓜，或者遭遇背叛，所以乾脆留一手……

148 理想化與否認

性愛成癮帶來自我毀滅？

・「理想化」是指一個人以為自己的婚外情布局完美，還有，他的性愛成癮問題沒人知悉。而「否認」，是拒絕承認自身有性愛成癮問題，藉此捍衛自尊。

155 昇華與合理化

追逐掌聲與外在成就，錯了嗎？

・當追逐外在世俗成就，那是合乎社會期待的「昇華」，但這份追逐，不該是為了「逃避」人生的空白。

Chapter3：

勇於直面生命中的痛苦，放下心理防衛＋成癮行為

164 被心理防衛機制駕馭的人，都是源自於生存焦慮，且力不從心的人

172 心理防衛機制總有登場時，「凡事不過分」就是適可而止，不致成癮

目錄

179 逃避不可恥，但真的沒用，因為終究不能逃離一輩子
186 直球對決，不是處理心理防衛的好方式：反對是在替被反對者加持
193 關於成癮：我們都該重新認識生理機制和危險因子
200 若無法戒斷成癮行為，並不全然是意志力不夠堅定：解除成癮行為與渴望的掛鉤
207 成功背後的巨大孤寂與空虛，讓人物質成癮，踏上不歸路
215 越是抗拒與壓抑，越是強化心理防衛，你需要信任生命，尤其是深度地相信自己
222 學習「覺知」自己的情緒，而不是一「警覺」危險，馬上祭出心理防衛機制
229 學習觀察自己何時會使用心理防衛，甚至有成癮行為，才能逐步跳脫惡性循環
236 承認、接納及處理自己的陰暗面，緩緩卸下心理防衛
243 【結語】突破心理防衛，不被成癮行為駕馭，我們都能恰到好處地保護自己，更活出強大的生命力
249 【特別企劃】15種常見的心理防衛機制解析

Chapter 1

我們最常使用，傷人也傷己的心理防衛＋成癮行為

轉移

父親在公司受了氣，回到家，看見孩子就怒罵：「你怎麼功課還沒寫？都放學超過一小時了……」

▼長期累積的不愉快情緒，「轉移」成關係裡的弱肉強食與替罪羔羊。

長期累積的情緒，壓抑下來的感受都去了哪裡呢？消失了嗎？不。

在心理防衛機制當中，很常見的其中一種就是「**轉移**」：**將強者所引發的不愉快情緒，導向相對而言比較弱，不會對你造成威脅感、沒有能力傷害你的替罪羔羊上**，把無辜的他作為情緒發洩的出口，將他當成出氣筒。

在表面上，歸咎於是他做了什麼不對的事，才招致你的怒火。你的憤怒是情有可原的，一切看似合情合理，有其脈絡可循。

然而，如果你站在更高的層次，願意抽絲剝繭，誠懇地直面內心，就會發現每個人都會有「合理化」自己言行的心理機制。

如同家暴的行徑

很常見的轉移案例，例如一個人分明是在公司受了主管一肚子鳥氣，被指派了許多不合理的苦差事，或者升遷輪不到自己而忿忿不平。然而，為了維持好好先生及任勞任怨的形象，他無法由衷地表達自己的想法，也無法袒露自己的怒氣，還有相關的真實情緒。

他戴著微笑的面具，連連點頭，彷彿皆大歡喜、心甘情願般地接下主管的安排與指示。

但當回到了家，他的神情、言語及行為表現卻完全不是這麼一回事。

「你怎麼功課還沒有寫，都放學超過一小時了；都幾歲了，吃飯還吃不乾淨，飯粒掉到桌面上，你媽是怎麼教你的？你有沒有責任感？你有沒有羞恥心？身為學生，寫完功課繼續做練習題這些小事，還需要我提醒你嗎？就是因為『你』這麼不懂事，就是因為『你』才讓我這麼生氣！你這什麼眼神！現在就開始叛逆了嗎？」

對相對弱勢的孩子怒吼、嚴厲喝斥，甚至動手，教訓起小孩……還認為自己正在行使家長教育小孩的職責，但實際上，卻如同家暴的行徑。

孩子及伴侶，常成為替罪羔羊

這種狀況很常見嗎？是的，但其實不只如此，有時還會將負面情緒的宣洩出口，帶進親密關係。

替罪羔羊不只是年幼的孩子，還有最親密的枕邊人，也就是他的伴侶。

「就是因為『妳』太愛花錢，才導致我工作這麼辛苦，錢卻存不了多少。為什麼非得要出國旅行？國內遊玩不行嗎？出國旅行花費這麼高昂，兩個人的機票錢、住宿費、當地用餐及林林總總的交通費，都要乘以兩倍，還有妳不只要買當地的紀念品，還要買伴手禮送爸媽、送鄰居……都是因為『妳』……」

他一一細數妻子的不是，持續盤點讓他動怒及口不擇言的正當原因，卻忘了當初興致勃勃提議去瑞士旅行的，其實是他自己；也忘了當初自己刷卡買單時多麼得意，因為他覺得自己能夠讓太太開心、讓父母驚喜、討岳父岳母歡心，是多麼有成就感，又是多麼有自我價值感的事。

為什麼在家庭當中，孩子及伴侶時常成為「轉移」作用下的犧牲品呢？因為年幼的孩子往往不會反擊。孩子多半是居於弱勢，也尚未發展出足夠的認知能力，去理解究竟是怎麼一回事。

至於伴侶，伴侶不是上司，對於自己的職位及收入薪水沒有生殺大權。即使進入婚姻關係之初，雙方是平起平坐，關係理應是彼此對等，沒有誰握有更高的權力。

然而，久而久之，在外面工作賺錢，或者薪水領得比較多的人，彷彿就成了親密關係中握有實權，位居高處的人；可以發號施令，可以頤指氣使，凡事由他說了算；可以顛倒是非黑白，事件因果的順序，再加上所謂「家醜不外揚」，許多事情都是關在自家門裡反覆上演，直到釀成了悲劇。

逃避屬於自己的生命課題

原本是透過心理防衛機制，來轉移工作及職場上的不愉快，讓壓抑的情緒能有出口；但卻讓相對弱勢，無辜的伴侶及孩子成了被開刀及問罪的對象。

然後也逐漸地，他食髓知味，她得寸進尺；透過「人際剝削」的手段，來轉移自己在職場所無法消化的怒火、怨氣及委屈，不用去面對自己心中的黑暗，屬於他自己的課題。

那些不愉快的感受、痛苦的情緒、內在的衝動……應該被指認出來，而不是潛抑下來。當事者應該要負起責任，將這些能量引導向積極、建設性的方式及表現上。也就是正向的心理防衛機制，例如補償、昇華及幽默上，把它轉化為創造的能量。不僅不會傷害家人，破壞人際關係，也不會形成惡性循環，甚至發展出後續可能有的成癮行為，越陷越深，與自己原本渴望的美好人生漸行漸遠。

上述的惡性循環，也可能是最先受到轉移作用所連累而成為受氣包的伴侶，因為無端受到攻擊，產生了痛苦情緒，因此**伴侶也升起心理防衛機制當中的「壓抑」及「轉移」，來抵禦無處排解的負向情緒**；同樣地，尋找家庭成員當中比自己更弱勢，目前沒有經濟能力、無法獨立生存的人出氣，最常見的就是孩子。如此看來，彷彿食物鏈一般，弱肉強食，讓人看了不勝唏噓。

這些替罪羔羊，往往難以辨識自己在其中的角色，因為無法看穿事件表層上的連動關係，還有情緒底層下的運作機制。

他們不明白自己是他人心理防衛機制下的犧牲品，甚至不清楚**自己也從受害者成了加害者**。

因為痛苦的情緒太過強烈，內在的衝動讓他失去平時的冷靜與理智。他們都不願意，卻也在不知不覺中，將心理防衛機制的「轉移」發揮得淋漓盡致。

沒有人出生就立定志向要當壞人，也沒有人存心破壞自己的家庭及人際關係，精心設計、想方設法來傷害自己的伴侶及兒女。

然而，漫長人生中總會有挫折、失敗、困頓與打擊，產生讓人難以忍受、不願面對、暫時沒有能力，以及還沒有學會透過正確方式而排解、有效轉化的痛苦情緒。

看穿關係裡的弱肉強食，始於心理防衛機制當中的「轉移」。不再怪罪命運，走出無能為力，學會正確的負向情緒轉化方式，就能跨越困境。

壓抑與合理化

深夜裡一個人時，一直吃高熱量食物，停不下來。

▼「壓抑」＋「合理化」助長食物成癮。但處理食物成癮問題，不是討論熱量、食物、體重等，而是要探究背後原因。

食物成癮來自於孤單、空虛、低自尊……

食物成癮不同於一般的減肥，而是有更多的心理因素捆綁在一起：孤單、空虛、低自尊、渴望被愛卻不可得……因而激發了心理防衛機制的啟動，透過美味卻過量的食物來撫慰自己，進而食物成癮。

食物成癮也不同於其他成癮行為。食物成癮不像酒精成癮，會帶來明顯的社會職業功能損害，也不會有酒後亂性、酒後開車肇事逃逸等各種危害家庭及他人生命的重大議題。

食物成癮不像購物成癮，會積欠大筆的金額及信用卡帳單，可能導致經濟上更大的負擔，因為食物不比精品名牌，價格往往不高，只是熱量很高。

食物成癮也不比物質成癮，有些物質可能是違禁藥品，會有違法的問題。任何美食的購入及取得方式，都是合情合理又合法。即使一次購入極大的數量，也不會引起人側目及關注，你可以想見Costco販售的家庭號美食……都是分量多，而且尺寸大到不行。

唯有你在一人獨處時，打開電視機或筆記型電腦，搭配眼前最夯的韓劇，不斷地將滿桌的食物塞入嘴裡。即使有明顯的吃飽訊號，還是不停止。

為什麼停不下來呢？因為心中的孤單、空虛總會在這個時刻現形及入侵，提醒你心中不被實現的渴望：想要被愛、希望有人陪伴、是不是我不夠好才會沒人喜歡的心理需求。

「壓抑」＋「合理化」助長食物成癮

這些你在大白天裡，能**成功透過心理防衛機制的「壓抑」**，進而不去碰觸的痛苦情緒，順利逃過的心理議題，卻是在夜深人靜的時刻，一個又一個無所遁形。然後**再用心理防衛機制的「合理化」，用看似合理，而且不違法的方式，為自己的食物成癮行為進行辯駁，讓自己還有其他人（若是被發現）得以接受。**

許多來進行心理治療的年輕貌美的女子，都傾吐出自己有食物成癮的問題。她們都有不錯的工作及家庭環境，但很常見的內心糾結往往都是情感議題：曾經在感情道路上受傷，從此不再談戀愛；或者長時間單身，渴望有人相愛，期盼遇到好對象卻總是求之不得，尋覓未果的孤寂感，還有不時入侵的空虛感。

為什麼會是高熱量的美食（食物）而不是其他物質呢？這又涉及了這個世代的集體共業：瘦才是這個世代的美麗。

平時極力計算及控制熱量，斤斤計較卡路里及碳水化合物的比例，還有計較飲食順序（早餐像皇后，中午像公主，晚上像貧民）……各式各樣口耳相傳，名人都在用的飲食戒律。

越是禁忌，越有吸引力

然而許多事都有相似的原理：越是禁忌，越有吸引力。你越克制自己不要想它、不要碰它、不要吃它，它對於你的吸引力，你對於它的渴求就會越高。像極了什麼？像極了愛情。

越是受到阻撓的愛情，越是讓你山盟海誓，非得跟他走在一起。越是在平時耳提面命，這個含鈉過高、這個吃下去就要跑上五公里，才能消耗掉相等卡路里，絕對不能吃的美食，越是縈繞在你的心頭，徘徊不去。一旦空虛和寂寞入侵，你第一時間想要的，就是立即吃下去，用高熱量的食物來撫慰自己的心。

染上各種成癮習慣的人，需要看見其他人其實跟自己一樣，都有高度的自我懷疑、自我否定。彷彿被下了同一套符咒（詛咒）一般，在心理防衛機制↓成癮行為↓心理防衛機制↓成癮行為，反覆上演的惡性循環。

能夠成功戒斷成癮的人，他們所改變的，不只是讓他們食物成癮的這一件事、這一個習慣，而是**徹底改變了自己，包含自我對話、情緒覺察、自我形象、人際關係及社會支持系統等**，才能不再走上回頭路，**建立一套能長期運作良好的生命模式**。

如果只是聚焦在食物成癮，往往很容易淪為熱量、食物、體重等相關討論。然而，不能只是討論碳水化合物、糖分……這些營養學的成分，而是要看見心理學的相關因素，也就是引發一個人在食物成癮之前的心理防衛機制，還有食物成癮之後，想要擺脫卻擺脫不了的其他心理層面原因。

停止看似安慰，卻又沒用的評斷

在外商公司工作的她，因為憂鬱症及飲食障礙的問題來找我進行心理治療。外表光鮮亮麗，穿著時尚深具品味的她，看不出來已經憂鬱症三年，還有暴飲暴食的問題。

她告訴我，她是在經歷感情背叛後，才染上憂鬱症及暴飲暴食。夜半無人時，只有香濃的巧克力、綿密細緻的蛋糕及鬆軟可口的麵包能撫慰自己的寂寞空虛。打開一個又一個的包裝，大口大口地吞進去，啊！還有濃郁順滑的夏威夷果仁冰淇淋。

被未婚夫劈腿的情傷，那些深深插入她心中的利劍，不是那麼容易修復，也不是外人所能體會的痛苦。

「什麼下一個會更好；什麼男人不壞，女人不愛，妳就是太乖！妳還年輕，現在重來不算太晚……」看似安慰，卻又沒用的評斷，都讓她逐步地把內心的傷口埋藏起來，把波濤洶湧的情緒壓抑下來；再透過食物成癮的方式來麻痺自己的痛楚，來填補內心深處的空虛及孤獨。

需要聚焦的，不只是想要改變的成癮行為，而是要站在更高的位置，看到心理防衛機制在前，擬訂完整改變計畫在後的全方位視野。

對於被劈腿感到痛苦及丟臉、想要麻痺自己、孤單寂寞覺得冷……他們想要壓抑及逃避的情緒，何嘗不是我們所有人都會有的情緒體驗？一點都不陌生。

更別忘了，被歸類於正常光譜這一端的人，看似沒有心理防衛及成癮行為的人，可能這個族群所染上的癮，是當前社會所接受及認同的，例如戴上微笑憂鬱面具的過度努力，或者打腫臉充胖子的正向積極。

看見壓抑下來的層層情緒痛苦，擺脫合理化的食物成癮行為，妳更需要的是一次又一次地愛回自己。

在走過情傷之前，在擺脫食物成癮的過程中，即使曾經故態復萌，縱使曾經功虧一簣，那也不妨礙妳的完整。

妳走過的每一段，都引領妳成為能夠「悅納自己」的人。

轉移與投射

靠北婆婆等社團成員真正想抱怨的對象，是枕邊人或身邊熟人。

▼「轉移」與「投射」，不但帶來網路霸凌，更強化社交媒體成癮。

在網路時代常常見到，也是方興未艾的案例，是透過心理防衛當中的「轉移」機制，將現實生活中，地位與權勢高於自己（高低判斷，取決於你心中的主觀認知）的人所引發的痛苦、憤怒及怨氣，導向跟自己互不相識，也就是跟自己並無實質人際關係的對象，而非引發者的身上。

這個無端受到牽連，而且互不相識的替罪羔羊，很常見的就是名人、KOL（意見領袖）或網紅。

你可以試想，人人都可以在網路上暢所欲言，無論是公開或封閉性社團，只要申請都能加入；或者公眾人物的版面，誰都可以去留言，而且可以匿名，無須使用真實姓名，也可以使用多個帳號，成為他的網路化身。

很常見的「靠北社團」系列，有靠北婆婆、靠北老公、靠北老婆等。引發他們不滿及憤怒，造成他們不愉快，也就是成員**真正想要抱怨的對象，其實是最親近的枕邊人，或者互相認識，叫得出彼此名字的熟人**。

憤怒程度，比當事人更像當事人

讓人饒富興味，也讓人心疼的是，許多人進入這個彼此素昧平生的社團，在裡面極盡可能地揭露瘡疤，訴說自己婚姻中的血淚；或者火力全開地謾罵及洩憤，無論指責對象、批評目標是不是自己認識的人。

常見的，就是網友訴說自己所受的苦，如何受人刁難，如何遇人不淑。底下留言的戰鬥力更是強上十倍，比當事人更像當事人。

又或者，去公眾人物的粉絲專頁發表言論。看似對時事的針砭，或看似對網友的留言給予回饋及意見，但卻夾雜強烈的負面情緒，比當事人更加怒氣衝天。抑或是，對於互不相識的版主（或網紅）所發表的文章及觀點，相當看不順眼，必須直接一吐為快，無視自己留下的文字，是不是含槍帶劍。

將自己內心的感受投射到另一個人

你發現了嗎？這裡也涉及了心理防衛機制的「投射」，把自己內心深處的感受及想法投射到另一個人（的經驗）上。

那麼，你會接著問，如何分辨我是單純對於這件事，有自己的觀點及想法，還是那是我內心的情感投射呢？

難道我們直指別人的事，我們對於社會議題所發表的意見，都是我們內心深處所投射出去的內容嗎？當然不是。

更**進一步地剖析「投射」，必須去檢視你的情緒反應，還有受此影響的程度**。意思是，如果你能相對平和地描述這些人事物，而沒有咬牙切齒、情緒高張、過度義正詞嚴……也就是深受這個人或這件事情的影響，那麼，你就不是在投射。

反之，若是你的情緒反應強烈，過度執著是非對錯，極度排斥或厭惡某類事件或某種類型的人……那麼，你就是正在投射內心深處，屬於壞情緒、壞性質的部分。

簡言之，你曾經是，或者目前就是投射內容的受害者，更是持續被駕馭著。所以一看到相關內容時，就會刺到你內心的痛處，轉變成在網路社團及他人版面的滔天怒火。

把痛苦「轉移」到不認識的人身上

很常見的案例，就是曾經遭遇伴侶出軌、婆媳問題的人，一看到新聞事件爆出名人外遇、惡婆婆虐待苦命媳婦的悲劇，立刻吸引他的高度關注，喚起當年未解的忿忿不平。

一看到網路上的公眾人物或ＫＯＬ針對新聞發表言論，就會吸引他去留言，附和＋１；或者竭力表達相反的意見，乃至於引發攻擊。

其實，都是藉此抒發他的情緒。

他把這些痛苦「轉移」到一個不認識的人身上，她把這些心事傾倒在一個沒有人認識她的世界，圖的就是內心的不滿及委屈能夠宣洩。尤其，不會影響現實生活中，持續進行的各種關係，也許是夫妻，也許是婆媳。

因為他們可能還在婚姻裡。他還在委屈隱忍，她還在低聲下氣。他們必須**透過心理防衛機制的轉移和投射，才能讓自己在婚姻中撐得下去、演得下去，維繫著名存實亡的婚姻。**

帶來網路霸凌

但這也帶來了網路霸凌。公眾人物、KOL及網紅莫名成了被攻擊的箭靶子，承受許多不明所以，欲加之罪，何患無辭的攻擊。

因為許多人透過心理防衛機制的「轉移」，來逃避自己在婚姻裡的真實課題。心中對於婚姻有滿腔的憤怒及怨懟，但卻不能將憤恨直接表現出來，不能將怒火直接燒到當事人。

於是，他們對其他人發洩，也就是轉移到一個實質上完全不認識的對象。這個被他批評、指責及洩恨的人，並不是在實際生活中，造成他痛苦，帶給她悲屈的人。換言之，就是把氣出到無辜，也是無關的人身上。

助長社交媒體成癮

此外，對於靠北社團的黏著度更高，進來社團的人幾乎都出不去。為什麼呢？因為任何一個社團都有獨特的屬性及宗旨，吸引著有相同生命經驗的人，或者有相同追求的人，才會聚集在一起。

而這也帶來社交媒體成癮，因為透過臉書才能進到這個社團，才能遇到許多跟自己生命經驗相似的人，例如一樣苦命，甚至更苦命的人，既能從中取暖及討拍，也**在不知不覺中，強化了自己的憤怒、偏激、刻板印象及認知模式**。

因為社團內有數不清的案例，都是證據；卻忘了是自己先打開這個社團的大門，不僅是選擇性地蒐集證據，更是在特定範圍內蒐集相同屬性的樣本，進而深信不疑。

用個比喻，這就好比你來到京都，發現多數人都會講日語；你飛到馬德里，驚嘆許多人的西班牙語都溜到不行。可不是？

然後，同質相吸，異質遠離。因為意見相左的人，會產生摩擦與爭執，越看越不順眼，接著列為拒絕往來戶。能繼續維持互動，能長期保持聯絡，就是跟自己觀點相同的人，也是活得很相似（苦命）的人。

你會驚嘆，透過心理防衛機制的「轉移」與投射，不只會帶來網路霸凌，甚至還會帶來社交媒體成癮，以及吸引更多的負能量，持續影響著你的思維、行動模式及關係品質。

不再被心理防衛機制駕馭，不再成為網路霸凌的隱形推手，不再被社交媒體形塑你對關係及人生的認知模式，重新掌握人生，看穿心理防衛，永不嫌遲。

合理化

「工作太累，買個名牌包犒賞自己，帳單分期，又沒借錢，哪裡不行？」

▼用人性、用善意的謊言，來「合理化」自己的成癮行為。

那些名為「犒賞」的行為……

你是一個時常將人性掛在嘴邊的人嗎？或者，時常用人性來解釋自己的行為，尤其是，這套說詞你只會用在自己的身上，而不會用來設想別人，推己及人。

許多人都會透過心理防衛機制中的「合理化」來解釋自己的放縱行為，通常就是名為

「犒賞」的作為。用看起來符合常理，順應人性的理由，為自己的行為及情感進行辯護、解釋。

善意的謊言

「這段時間工作實在是辛苦了！買個名牌包來犒賞自己吧！帳單可以分期付款，我都付得起啊！又沒有借錢。」

「只是吃塊炸雞、不過是一杯珍奶，我還特地選了半糖。我工作一整天這麼累，犒賞自己，不對嗎？你也太嚴格了吧！而且這是我的自由。」

「喝酒能夠放鬆，幫助睡眠。不是很多雜誌都說紅酒對人體不錯嗎？我就只是喝個幾杯嘛！」

使用心理防衛機制的合理化無可厚非，也是常見的人類心理及行為表現，畢竟鮮少有人能夠活得彷彿聖人，能夠毫無欲望，無論在哪個層面。

為了去做當下最渴望做的事，為了擁有當下最想擁有的東西，為了獲得愉悅、開心及滿足的正向感受。或多或少，每個人都會對自己，也對他人說善意的謊言；減輕自己心中的罪惡感，也讓他人更能夠接受些。

並非偶爾，而是經常

然而，他們刻意迴避自己並非偶一為之，而是經常為之。換言之，他們並不是久久才透過消費購物來犒賞自己，而是經常性地購物。寄來家裡的包裹數量，多到警衛都能記住她的名字：陳小姐，又是妳！

他們並不是偶爾才吃塊炸雞，偶爾才用高糖飲料來撫慰自己疲憊的心，更非身體健康，頭好壯壯，能夠百無禁忌的族群；而是醫生千叮嚀、萬囑咐要限糖及飲食管理，目前已經是糖尿病的高危險群。

他們透過飲酒來作為緩解失眠的理由。這個藉口，我見過不少人掛在嘴邊。然而，他們從來不曾因此變得好睡，反倒是嗜酒如命，成了他們如影隨形的標籤。

逃避內心失落的痛苦

當一個人的內心需求及真正目標無法實現時，運用合理化的心理防衛，才能坦然地去做他人不會贊同，自己其實也心知肚明於事無補的行為，藉此來逃避內心失落的痛苦。

為什麼要頻繁購物，大量消費自己並不需要的物品，甚至是價格昂貴的名牌，乃至於購物成癮呢？

因為內心無邊無際的空虛，渴望透過物質充填、塞滿心中空出來的角落；因為自我價值感很低，必須透過名牌來襯托自己，讓別人看見彷若精品的自己。

一直買、一直買、一直買。上禮拜訂購的服飾還沒寄來，這禮拜又訂了三次，差別只在於不同品牌及購物網站。

頻繁瀏覽時尚精品的購物網站，彷彿被制約了一般。耳垂只有一對，耳環卻下訂十副；腳只有一雙，鞋子卻下訂了五雙。

懂得穿搭的達人，不是常常說要包色嗎？這樣才能搭配不同色系，出現在不同場合，總是要符合TPO（Time、Place、Occasion）的原則嘛。

關於心理防衛機制的合理化，每個人總是可以生出數不盡的藉口。然而，多數人卻不去正視內心深處真正的渴望，不去面對讓自己深陷購物成癮、食物成癮、酒精成癮……的真正動機及理由。

用「人性」來為自己的成癮行為，進行合理化的辯護

為什麼要用「人性」來為自己的成癮行為，進行合理化的辯護呢？因為它會帶給你滿滿的安全感。既然是人性，就代表「人皆有之」。

只要是人，都會如此，一點都不少見，更是一點也不奇怪。然而日復一日，長年累積，它就成了反射性的習慣。一旦感到空虛寂寞、覺得冷，就會啟動成癮行為來撫慰自己。

下班後回到一個人的住處，連隻貓都沒有；西洋情人節、七夕，還有聖誕節，那些雙雙對對的幸福時分，都在提醒你的孤單寂寞，都在對照妳的形單影隻。

你就會點開購物網站，一直買。夜不成眠的你就會打開酒，一直喝。何必停下來？也無法停下來。

當父母說：「我是為你好。」……

合理化帶來的影響，就是讓我們隔離了內在真實的感受，與情緒保持距離；因為抽離（isolation）了部分事實，避免讓自己意識到，以防感到更難受、更傷心（抽離也是心理防衛機制之一）。

還有一種**常見的合理化說詞，出自於父母，叫做「我是為你好」**。然後，你可以聯想到，當父母說「我是為你好」之後，一定會接著說：「父母愛子女是天性，哪有父母是為了傷害自己的孩子？」這一部分說的是事實，但另一部分卻是為自己的過度涉入、高壓統治進行辯護。不去看見自己的期許、要求，甚至是過度保護，帶給孩子多大的壓力。

有一種好，叫做「請你為你自己好」。意思是，請把時間及心力用來經營自己、照顧自己，也就是將關注的焦點轉回到自己身上。而不是不斷向外瞧，持續盯梢你最關心的人，無論是伴侶或子女。

對於別人的事，請給出更多一點的自由、尊重及彈性。這也是關係融洽的祕訣之一。

辨識自己內心深處真正的渴望

我們都該學習向自己的內在探索，辨識出自己內心深處真正想要解決的問題是什麼，進而明白現在的自己，使用的方法是望梅止渴，還是飲鴆止渴？是解決問題，還是製造出更多問題？

你知道嗎？其實每個人都有自知之明，更是有著解決問題的渴望及動力，不然你不會見到許多人求神問卜，擲下重金去找老師、問老師。問題在於，**當心理防衛機制過度運作時，就會蒙蔽了真相，讓一個人把路越走越偏離，甚至形成了成癮行為的依賴機制。**

既然能夠得到暫時性的緩解，那麼直視、面對及處理問題的真正核心，也就不那麼急切了。

別再用善意的謊言合理化自己的成癮行為：讓渴望抵達的彼岸遠在天邊，而心中真正企盼的目標卻永遠擱淺。

從合理化的心理防衛機制掙脫，彼岸不再遙遠。

抵消

先生外遇了，卻對妻子大獻殷勤，更費心準備禮物。

▼因害怕祕密被拆穿，或做錯事被發現，所以做些舉動，「抵消」愧疚或罪惡感。

早稻田大學名譽教授，也是影響日本半世紀的心理學家加藤諦三，在他的新作《穩》中提到「過度自衛，是因為不想暴露弱點」。

何止是弱點？其實，所有可能讓人忐忑不安，所有一旦曝光，可能引發人生滔天巨浪的祕密，都必須嚴密妥善地埋藏起來；深怕被拆穿，擔心被發現，所以透過各種心理防衛機制來抵消心中的不安，避免自己的弱點及祕密會見光死，藉此保護自己，獲得暫時性的情緒緩解，進而感到安全。

消除心裡的愧疚與罪惡感

心理防衛機制當中的「抵消」（undoing），是指一個人透過象徵性的事情及行為表現，來抵消不愉快的感受及想法，例如愧疚、罪惡感或不被社會接受的行為及念頭。

而這些不安的感受，來自於深怕被揭穿的祕密、曾經做過不可告人的行為，或者是曾經浮上心頭，但卻沒有採取行動的邪惡念頭……都包含在內。

很常見的案例之一，就是與同事遊走在曖昧邊緣，但是沒有離婚打算的先生；心中隱約知道做了對不起太太的事，違反了良心及聖潔的婚姻誓言，所以回到家以後，對妻子大獻殷勤，更顯得體貼，甚至格外費心思地準備禮物。

明明不是紀念日或生日，卻意外地有了準備，還找了一個合情合理的名目：「這麼多年來，妳辛苦了。」他變得特別大方，什麼都給妳買，卡片任妳刷，妳說什麼都好。

換言之，就是**藉由這些溫柔、體貼、細膩又大氣的舉動，來抵消心中的罪惡感及愧疚**。

帶著贖罪意味的禮物

不明一切經過的妻子，覺得好驚喜。先生變得更大方、更體貼。殊不知這些殷勤舉動，都是因為先生心中有鬼，因為心中懷抱著不可告人的祕密，就如同喉嚨中的魚刺，如果不多吞幾口白飯，如果不多做些什麼事，就會讓他寢食難安，也像熱鍋上的螞蟻：慌張、不安及焦慮，尤其是擔心東窗事發的恐懼。

甚至，如果太太隨口問起：「怎麼今天比較晚回家呢？是因為工作太忙，留在公司加班嗎？」先生也能透過帶回家的禮物，作為最漂亮，也是最合理的解釋。因為下班回家途中，我去店裡取貨，沒想到路上又碰上塞車，所以耽擱了，回家時間才晚了。

太太一聽到先生這麼說，再看到明擺在眼前的禮物，哪裡還會聯想到其他可能性，尤其是可能讓她難受的婚外情。泰半都是笑逐顏開、樂不可支，覺得自己真是沒有嫁錯人，讚嘆先生溫柔貼心都來不及了，哪裡知道這份禮物，背後有著濃濃的贖罪意味，其實是先生透過心理防衛機制來抵消心中罪惡感的工具。

犯錯的孩子，透過乖巧，降低愧疚感

我們都是人，誰能夠沒有祕密及弱點？每個人或多或少，都會透過「抵消」來處理心中，因為祕密及弱點而產生的各種不舒服感覺。

說錯一句話，就會多說幾句好聽的話；做錯一件事，就會多做很多好事來抵消心中的尷尬、愧疚及不安。希望能功過相抵、希望透過這些方式，自我批評及責難的聲音能夠減少，早日放過自己。

又或者，在學校作弊被抓，很怕被爸媽發現，被痛罵一頓，甚至被體罰；所以孩子放學回到家後，頓時變得格外乖巧聽話。

平時需要三催四請，怎麼今天回家的第一件事，是自動自發開始寫作業、完成功課，不像以往都要妳音調提高八度，音量提升好幾倍；平時怎麼叫都叫不動的少爺與公主，總要妳變臉，才會心不甘情不願地放下平板與手機，成為認命寫作業的孩子；今天都不需要妳拉長臉，孩子瞬間變得懂事而成熟。彷彿天使，或者被開光加持。

殊不知，是孩子在學校犯了錯。他們正在使用心理防衛機制來抵消可能被揭露的徬徨不安。透過乖巧認真的行為表現，來減輕做了錯事，因而帶來的內心負荷。

祕密及弱點是出自你的主觀感受

所有的心理防衛，都是為了不讓別人看見自己內心深處的「主觀」弱點，還有不願被人知道的祕密：可能是自己曾經犯下的錯，還有自己認為不夠好的那一面。

但進一步思考，你所認為的祕密及弱點其實出自你的主觀，重要性及嚴重程度也來自於你的判斷。

也許實情是無傷大雅，也許是被人知道還好，然而你的主觀判斷卻是危險，你的主觀感受就是不安全，所以必須把它緊緊鎖住，必須動用心理防衛機制把它阻擋掉、抵消掉。

因為你深怕被人知道之後，你在別人心中的形象及價值感瞬間大減。

如果你是上述例子裡的另一半或父母親，而且你已經知情，你可以**主動表達出包容的態度，這就是一種機會教育**。

遊走在發展婚外情的危險邊緣，其實是內心深處的無聊、空虛及生命缺乏目標，更需要被看見；考試作弊是為了得到好成績，孩子只是用了錯誤的方式來維護自己的尊嚴。

每個人都需創造出一個「容納」空間

那麼，如果你是使用「抵消」來進行心理防衛的當事者，可以做什麼呢？你可以包容自己。所謂包容，並不是要你用「人非聖賢，孰能無過？」來自圓其說，包容更不是姑息養奸。而是每個人都需要學習創造出一個空間，去**「容納」外界可能會有的指責、批評及抱怨，去「接納」自己心中想要依賴、想要逃避、想要使用心理防衛機制，因為那正是目前感到最脆弱、軟弱、恐懼和侷限的部分。**

在這個空間裡，你能夠安頓好自己的情緒，擴展原本自我侷限的認知，不被內外衝突所影響，更不被情緒起伏所牽制。同時，我們隨時隨地都可以自問：我能從中學到什麼？或者幫助別人學到什麼。

每一個事件的翻面，都不只是背面，而是**有認識自己的線索，有成長的機會藏在裡面。**

不再害怕祕密被拆穿，不怕弱點曝光會讓自己一敗塗地。

退化

太太說：「我今天又頭痛了，你再幫我……」先生只好一再幫忙。

▼以看起來「退化」的行為，獲得對方的溫柔及照顧，但這卻成為困住彼此的牢籠。

「雨下得好大！我竟然忘了帶傘。」她可憐兮兮地嘟嘴說著，彷彿自說自話，但眼神的方向卻望著已經結婚的他。

此時此刻，太太正在家中等他回家吃飯，天色已晚。然而，女同事平時明亮的大眼睛，卻蓄積著水氣，像隻被雨困住、可憐又可愛的小狗。

這時候不幫助她，似乎說不過去，也不近人情。想想，開車送她回家不過是舉手之勞，順水人情，何必想太多呢？應該不會怎樣。

沒想到，就這樣被她纏上，還成為夫妻之間產生摩擦的原因，甚至是婚外情。

「以退為進」的無形控制

你知道心理防衛機制，也可以表現為「以退為進」的無形控制嗎？是的，當一個人表現出無能為力，需要幫助或身體有病痛、有不便，呈現出柔弱、脆弱及需要被照顧，必須有人守護，長期待在身邊……就是親密關係裡最強大的膠水，讓兩個人的關係變得更加緊密，維繫得更牢，然而卻限縮了個人的自由，禁錮了彼此的靈魂。

心理防衛機制當中的「退化」是指一個人放棄使用成熟的方式，讓自己倒退到相對幼稚的發展階段，來逃避應該有的作為及責任，藉此獲得好處，甚至可以獲得注目、關愛、依賴及照顧。

透過脆弱無助，透過柔弱無力的呈現，多半能夠激起你的欲助情懷，甚至還會勾起你：若是不幫助他、照顧她、不伸出援手、不答應要求，你就是冷血無情、自私自利的人等愧疚感，進而你開始自問及自責，因此順應對方的期望與要求。然後，你就中招了。

不能離開，必須照顧對方

老子《道德經》當中的「弱者道之用」，也是相同道理。只是「以退為進」屬於有意識地操作，而**心理防衛機制的「退化」則是在潛意識，甚至是無意識的層次**。因為多數人一定會自問，並告訴別人：「我怎麼會願意生病呢？我怎麼可能願意當病人呢？我怎麼會願意身體不舒服，還有這麼無能呢？」

然而，那是因為當一個人把不想面對、難以處理的痛苦情緒及真正的欲求「壓抑」得更深（別忘了，壓抑是所有心理防衛機制的「基礎」）。想當然耳，連當事者自己都無法覺察，而非全然地工於心計，懷抱清楚明白的意圖去控制別人。

接著，當事者再透過「合理化」的機制，去強化自己無能為力的部分事實，因此他也不需要做出任何嘗試及改變。而待在他身邊的人，更是有形或無形地承擔起不能離開他，必須照顧他的責任。

為什麼呢？這不僅涉及兩位當事者的角色認知，還**牽涉到旁人的觀點，進而帶來更多的壓力**，束縛住關係中的兩個人，讓其越陷越深。

你可以進一步推想，病人的角色代表著無助。所以當一個人進入生病的狀態，就能獲得溫柔、關注、體貼及照顧。即使不是真正地生了一場大病，而是幾天就會好的小感冒，或者是看起來比較弱不禁風，但就會讓人覺得需要提供幫忙及協助。

被照顧者與照顧者，都是合理的?!

這裡，其實也能見到「合理化」的作用，這來自於雙方。

提出需要照顧、接受對方照顧是合理的，因為我無能為力，因為我是病人；必須照顧對方、照顧的責任在我身上，也是合理的，因為我是他的另一半，因為我是她的家人，因為我是她的上司，我也是一個有能力、有擔當的人。

「退化」的心理防衛機制通常屬於潛意識，或者是在潛意識及有意識的層次間交錯。

她知道自己能獲得好處，得到她想要的照顧，甚至是帶來關係的鞏固，因為你不會離開她，你不能夠離開她。

若是你企圖離開，或者隱約覺得哪裡怪怪的而有離開的念頭時，可能會遇到她的憤怒，反過來指責你的冷血、自私與殘酷。

所以，你可能選擇繼續維持關係。活在對方透過心理防衛機制「退化」的無形控制裡；也可能是到了最後，你忍無可忍，才幡然覺醒，掙脫控制。

你終於明白這不是真正為她好，更不是照顧人的最好方式；是愚昧，而不是智慧，兩個人都活在困住彼此的牢籠裡。

控制者與被控制者、被照顧者及照顧者、柔弱無力的人及肩上扛責任的人……多麼般配，但卻是悲劇的雙主角，無比催淚。

以「退化」來依賴他人，自己也會失去生命力

當一個人逃避面對自己的痛苦情緒，不去正視自己內心對於情感或金錢上的匱乏，想要透過退化來依賴他人，來獲得被照顧、無須扛責的好處時，他也失去了自己的生命力，阻斷

了未來更好的可能。

例如可以藉此逃避工作，不用去面對工作賺錢的辛苦，還有職場的壓力及考驗。只要有人能夠依賴，就能滿足經濟上的匱乏，卻也因此限制了自己的潛能及成長。換言之，如果她選擇去工作，她有機會看見自己的光彩，活出全然的自由，而不打折扣。

不控制別人的最大收穫，是自己能獲得自由

透過退化來進行心理防衛，來獲得依靠，如同一個人為了有飯吃，寧願屈就於一個小小的水族箱，卻是長期吃飼料。卸下退化的心理防衛，選擇勇敢面對，如同進入大海，雖然波濤洶湧，卻發現很多新鮮漁獲。

不控制別人的最大收穫，其實是自己能獲得自由：不控制別人、不仰賴別人，也不再需要別人的自由。

這樣的情形，也很常見於傳統婦女的生命及關係模式。

這也可以放大到整體社會文化對於性別及角色的各種刻板印象，還有相應的行為。

看似柔弱無助、缺乏能力，其實卻能夠遙控一個人去達成自己想要的事情，滿足自己真正的期待、欲求和目的。儘管表面看來無傷大雅，沒想到長期下來卻是茲事體大。這也是一種無形的控制，所以更難以辨識。

看穿心理防衛，不只是寬容而接納，更能理解而自由。

源於退化的親密關係牢籠，讓彼此都能展翅高飛，從「心」獲得自由。

反向作用

許多父母明明希望兒女能幸福，但卻總說反話，甚至撂狠話。

▼用「反向作用」表達愛，只會將對方推得更遠。

在二〇二〇年金馬盛宴上榮獲多項大獎，由陳淑芳、莫子儀主演的電影《親愛的房客》，你也看過了嗎？電影當中，有哪些對手戲，有哪些片段及對話觸動了你？讓你跟著掉淚，甚至哭到無法自拔呢？

對我來說，有幾段關係的刻畫，都讓我深有所感。

究竟是由莫子儀扮演的「把拔二號」讓我開始想哭？因為他代替他離開人世的同志男友，照顧他年幼的孩子；還是陳淑芳在不經意之間，對著亡子生前的男友，也就是莫子儀所飾演的角色說：「我一直想問你，我兒子跟你在一起，快不快樂？有沒有幸福？」

以上段落讓我瞬間鼻酸。因為我看見了心理防衛機制在其中的運作。當然，我的淚水也已經跟著落下。

人世間複雜糾葛的情與愛，一個人真正掛心惦念的，其實到了人生盡頭，舉世皆然。

台灣父母愛說反話?!

你也有這樣的生命經驗、感受及體會嗎？

許多父母明明打從心底希望兒女能夠幸福，過得快樂的心情；多數時間卻死鴨子嘴硬，甚至總說反話，唱衰兒女的決定或總是投下反對票，甚至撂下狠話，讓人傷透了心，甚至到了最後，親子關係決裂，再也回不去。

放眼望去，在台灣家庭裡，還真比比皆是。

心理防衛機制常見的作用之一，就是「反向作用」。所謂**反向作用，就是將自己想要卻無法接受的想法、感覺或衝動，透過完全相反的行為表現出來。**

因感到悲憤及羞辱，將怒氣發洩到孩子身上

回到《親愛的房客》這部電影，台灣社會、家庭及傳統文化對於同志之間的愛情是相當排斥的，即使同志運動走上街頭，同婚法律已經通過。因為長年的整體社會氛圍、父母看待兒女性傾向的價值觀及家庭互動方式，都是冰凍三尺，如同海平面底下的巨大冰山，這些寒冰有待時間及共同努力來消解。

父母們愛孩子嗎？愛。但是父母能接受自己的孩子是同志嗎？不能。這些父母可能覺得同性喜歡同性是異類，很奇怪，不是正常的常態；可能還誤以為是兒女生病了，或者，會不會是我把他們生壞了；甚至也因為不夠瞭解及錯誤認知，因而感到了悲憤及羞辱，也在不知不覺中，將怒氣發洩到孩子身上。

還有電影裡的那一段，由陳淑芳所說：「其實我早就沒有在怨你了。」陳淑芳飾演的母親角色離世之前，終於對住在樓上，長年默默付出，照顧她和遺孤多年的莫子儀，說了埋藏內心深處多年的話：「其實我早就沒有在怨你了。」

她曾經多麼怨怪。如果不是「他」，兒子那年和相愛的「他」一起去爬山，她拉拔長大

的兒子就不會在那次登山途中發生意外，因此往生，結束了短暫的一生，留下她和孫子兩個人孤兒寡母，無人陪伴及照顧。

所以，她對於亡子的男友總是沒有好臉色，永遠沒有好口氣，因為那錯綜複雜的愛恨情仇，愛子離世的悲痛與傷心，持續擱淺在她的心底。

對我們在乎的人，我們能好好說話，並接納嗎？

然而，人之將死，其言也善。

那可不可以，不用到即將死去的那一天，不用等到快要離世的那一刻，我們就能好好說話？對你在意的人，早就不再怨懟的人，提早一天，甚至更早之前，就表達出你早已原諒，甚至早就接納的心意。

由陳淑芳飾演，受到糖尿病所苦的老母親，總算一吐心中的重擔，還有表達出了內心的良善。

同時，她也拿掉了強烈的厭惡感，還有隱而不顯的恨意，面對長年照顧她的「他」，說出了：「我早就沒有在怨你了。」

其他沒有明講，留給我們體會的餘韻是：你的付出，其實我都看在眼裡。你無怨無悔的照顧，我也感受在心裡。你不用再贖罪了，你不用再將我們放在自己之上，你應當去追求屬於你的人生，甚至，再去愛下一個人。

他人的批評及指責，你別照單全收

你該怎麼辦？

如果你身邊的人，也因著反向作用而有強烈的情緒反應，甚至讓你感覺被冒犯，非常不好受。你可以做的是，看清楚他的反向防衛機制正在運作。不要對他的話語照單全收，尤其是惡毒的字眼、批評及指責。

很多時候讓我們受傷的，是因為我們深信自己就如同對方所說的：如此的不堪、如此的沒用、如此的罪過。

其次，你可以透過第三方、更多來源的態度及意見，作為認識自己，減緩他人心理防衛機制持續啟動，進而全面籠罩及影響你人生的參考。

別將他人的反應，作為你評斷自己的方針

怎麼說呢？我們終其一生都活在關係裡。換言之，我們身邊都是人，環繞著我們的就是他人的喜怒哀樂、反應及偏好。彼此交互作用，相互影響著。

所以，我們時常都採用別人的反應作為評斷自己、認識自己的方針。這無可厚非，因為只要不是自我中心傾向強烈的人，泰半都會參考他人的想法及意見，進而調整自己，讓自己更能融入所屬群體及社會。所以，**我會邀請你的參考來源更多一點**。

例如，有些人基於內心深處的恐同，對於同志朋友所表現出來再尋常不過的行為，仍舊看不順眼，總是有意見，甚至情緒反應激烈。那麼你應該尋求對於同志友善的族群，或者對於同志議題，至少是態度相對持平、中間地帶的人。

例如，如果你覺得自己在親密關係裡做得不夠好，質疑自己在關係裡的付出是不是能夠更進步。你可以透過心理諮商，在專業心理師的陪伴下，進而看見自己的盲點。或者，你也

可以尋求人生閱歷豐富，擁有飽滿人生智慧的長輩（在此提醒：請慎選）來幫忙指點。

而不是只透過另一半含糊的回饋，還有旁人及姻親們不加思索，還可能有失公允及客觀的意見，作為評價及指引自己的指南針。

到底要讀過多少書，看過多少電影，經過多少次的自我覺察及反覆練習，我們才能夠學會如上帝般，擁有全知全能的視角，因而看見人性的掙扎，防衛機制下的層層覆蓋，其實有著愛，甚至都是愛呢？

唯有「愛」，是不能覆蓋。讓愛流動，生命就能輕盈起來。

控制

你的手機通話時間、你幾點出門……都是他干涉的範圍。

▼習慣以「控制」與人互動的人，會讓身邊的人都覺得好累。

你身邊也有控制狂嗎？或者，你本身就是控制狂，但是卻遲遲沒有發現呢？沒關係，只要問問你自己，有沒有人讓你活得好累？又或者，你身邊的人總是跟你保持一段看不見的隱形距離，私底下對你抱怨連連？

許多控制狂，就是透過心理防衛機制的「控制」，處理內心無助、不安及慌張的感覺。藉此避免場面失控及預期之外的可能風險，讓人生的一切都在計畫內。

然而，當一個人成為高度控制狂，他身邊的所有人就會活得好累。

社會文化、慣例與傳統習俗是一種「控制」

在心理防衛機制中，很常見，但不容易辨識的一種，就是「控制」。它是指一個人強力控制生活中乃至生命裡所有能夠掌控的變數，讓世界盡可能地依照自己的方式運轉，藉此減少任何不確定性，還有這些不確定所帶來的擾動與不安。

最經典的具體呈現，就是社會文化、慣例與傳統習俗。它讓人有規則可循，它讓人在有秩序的軌跡裡，不用面對一片空白而惶恐、失去秩序而慌亂、計畫被打亂而無助的各種心理狀態。

然而，這也讓很多人落入傳統的窠臼、僵化的思維而不自知，並且還為其所苦，深受其害，徒增人際關係的衝突。還有，自身的高度控制、焦慮及憂鬱。

你一定可以發現，即使到了二十一世紀，即使女性接受教育已相當普及，仍然有許多女性對於三十拉警報、幾歲應該步入婚姻有著高度焦慮，不然大陸時裝劇《三十而已》怎麼會成為二〇二〇年夯劇，引發廣泛討論，成為許多人朗朗上口的話題？

如果一個社會現象並不存在，不會觸及他人內心深處的焦慮及共鳴，那麼也就不會有被具體化的商品及戲劇。

兒女若沒結婚，父母就不安、焦慮

結婚正是人類社會的文化、傳統及習俗之一，你我都同意。但，人非得結婚不可嗎？那可不一定。

許多人選擇結婚的原因之一，其實是害怕孤單，擔心被遺棄。因為結婚比起交往，更有約束力（是嗎？）。許多人選擇生育的理由之一，其實是害怕老了無所依，以及無人傳宗接代，深怕斷了香火，讓父母失望，對不起祖宗八代的恐懼及自責心理。

因此，許多人趕著在三十歲前結婚。若是三十好幾還沒結婚或沒有交往對象，就會相當焦慮，甚至懷疑起自己：是不是我哪裡有問題？

而已經成為長輩，活過人生大半輩子的高度控制狂父母，則會不斷催促子女：快點結婚、快點生育、快點完成人生大事。

美其名是希望自己的兒女有人陪伴，相互照顧及扶持，能夠過上幸福美滿的日子。然而，另一部分的真正原因，卻是兒女走出習俗、秩序及常軌之外的人生，讓他們不安、慌張及焦慮。

他們無法想像、預測及理解走一條人煙稀少的路，還有走出自己道路的人會過得怎樣，以及能不能過好往後的一生。

與其面對未知數，與其擁抱不確定，與其承擔不可預期的風險，不如選擇大致可以想像，多數人都是如此，而且自己也正在經歷的婚姻。縱使有諸多不滿意，甚至不時咬牙切齒。只因為社會文化、傳統習俗及慣例，皆是如此。

不只是為人父母者，許多三十世代的人也是。透過高度控制來進行心理防衛，他們選擇結婚其實是為了避免孤單，排除只是交往關係（男女朋友）的不夠穩固及不確定性，還有比較、嫉妒、猜疑和被遺棄等難以忍受的情緒。

用高度控制，表達愛與依賴，提升安全感

時常使用「高度控制」來進行心理防衛的人，他們看起來有條有理，對於生活及工作有自我要求。然而，如果跟他們近身相處，你可能就想逃跑。

為什麼呢？因為你也會是他高度控制的項目之一，或者受到他高度自控所波及、影響。尤其，如果你是他（或她）的親密伴侶。他的高度控制、支配性及占有欲就會表現在你們的關係及互動裡。

你的手機通話時間、你跟誰講電話、幾點出門、幾點回到家、跟誰見面……包含你的穿著打扮，都可以是他干涉及管轄的範圍。

為什麼要干涉這麼多呢？因為他們不容許失控。所有可能失控的因子都會讓他繃緊神經。

為什麼非得時時刻刻，彷彿在控制著你的舉動呢？因為任何掌控外的因素，都可能破壞他的秩序感，打亂他的節奏感，而這些都會勾起他的焦躁、不安及混亂。

往更深一層的心理狀態走，**那是因為他的脆弱。**他深怕你會離開，他擔心你若跟其他人見面，可能產生曖昧，開始互有好感，然後在不久的將來，你會跟他提出分手，你們的關係

會宣告解散。所以他用高度控制的方式，來表達愛與依賴，來提升他的安全感。

被「無常」所折騰

此外，你也可以進一步想到，一個竭盡所能意圖控制一切的人，一定時常被「無常」所折騰，也被「計畫趕不上變化」所考驗。

他們不能允許計畫以外的變故，哪怕只是慢了一點點，他都要不停地催促，提早再提早。一切都必須按部就班，準時抵達，不管是搭高鐵，還是搭飛機，還包含了必須考上理想大學，必須幾歲結婚及完成生育等大計。

不累嗎？看到這裡，相信你也累了。他們為了處理內心無助的感覺，為了避免場面失控及預期之外的可能風險，成了親密關係裡，有著高度占有欲的人；成了親子關係裡，有著高度控制及支配欲的人。

難讓人走入內心

頻繁使用高度控制作為心理防衛的人，也是讓人難以走入他的內心深處的人。因為他採用的控制手段，只會讓人看見他的權威跋扈，他的不通人情，徹徹底底就是「顧人怨」，讓人避之唯恐不及。

殊不知，**他的內心深處卻是極度反差。他希望有人能貼近及理解**，但他嘴上不說，總是板張臉。彷彿榴槤，堅硬帶刺的外殼，內裡卻是柔軟香甜的果肉。期盼有人靠近些，希望有人明白自己的甜；卻用了錯誤的生存策略，只讓人聞到臭味，碰觸到尖銳，也讓所有人離他越來越遠。

看穿心理防衛機制「高度控制」底下的脆弱。明白他和你我一樣，需要放鬆，需要學會有彈性地調整，還有學習更有效的生存策略，才能擁抱自己和別人。

抽離與認同

為什麼現代人那麼在乎「網路形象」？為什麼社交媒體成癮如此嚴重？

▼多數人將臉書按讚數當作自我價值感的來源，但那其實是透過「抽離」與「認同」，以迴避現實生活中的不如意。

你有社交媒體成癮的症頭嗎？先別急著搖頭，更別立刻說沒有。如果要你離開網路及社交媒體十天，或者，五天就好。請把你的手機交出來，或者把Facebook、Instgram、Twitter及Messenger刪掉，只保留最簡單的打電話及文字簡訊功能，你受得了嗎？

相信不少人一思及此，就覺得世界末日來了。

「數位原生世代」對網路依賴極深

不能使用網路，戒除社交媒體的瀏覽及互動，比停水、停電還要可怕。

在疫情升溫的二〇二一年，許多人都被迫在家工作，因此也被迫長時間跟家人相處。家人就在你的視線範圍內，你們共處一室，你們無可避免的互動（及摩擦）。然而，其中最重要的，也是最難為的，就是你開始看到及接觸自己內心深處龐大而茫然的孤獨，無法自處。

如果你我年齡相仿，屬於「千禧世代」，也就是一九八一至一九九六年出生的人，我們都經過網路撥接，逐漸來到網路及社群媒體普及化的時代。

然而，一九九七至二〇一二年出生，又被稱為「數位原生世代」的人。他們從小就生活在充滿網路的世界。智慧型手機與平板對他們來說不是新鮮事，更不是新奇的玩具。

換言之，他們對於網路的依賴及黏著度，社群媒體對於他們的重要性及影響力，遠遠超越我們這一代。

按讚數成為自我價值感來源?!

每個人都在意自己對外公開的形象。過去，公開形象往往建立於當面接觸的互動、經驗及印象，換言之，立基於「真實經驗」，用現代的說法，叫做「線下經驗」。

現在，每個人都多了一個「網路形象」。臉書上的帳號，彷彿你的分身，也代表了你自己。越來越多的人，對於自己在網路上的形象感到在意，也變得相當焦慮；甚至是受到按讚數的牽制，對於按讚數上癮，心情狀態也隨著按讚數的數量起伏，忽高忽低，甚至將按讚數當作自我價值感、社會認同感的來源。

抽離和認同層層交織

為什麼會有這樣的情形呢？為什麼會有社交媒體成癮？彷彿合法地染上毒癮，而且還是全民運動，沒有一個人能逃離。

想要理解這樣的情形，你必須先看到心理防衛機制的抽離（isolation）和認同

(identification)的層層交織。

心理防衛機制當中的抽離，是指一個人抽離了部分事實，不讓自己意識到，避免與實際狀況距離太近，藉此防止自己感受到不愉快或痛苦的情緒。

心理防衛機制當中的認同，則是指一個人向成就、表現優於自己的個人或團體認同，並藉此消除現實生活中，因為不成功而升起的焦慮，還有苦澀；同時，也帶來方向、歸屬感及安全感。

例如，向特定社群認同，成為某某家族的成員；或者，急起直追，努力效仿社群當中，最有聲量的KOL。

為什麼會渴求社交媒體，進而不知不覺社交媒體成癮？因為許多人透過心理防衛機制去避免現實生活中的失落、苦澀及不如意。抽離了部分事實，像是不用面對現實生活中，人際關係的碰壁，或者是遭受排擠。這些挫敗經驗帶來的無能為力、對於他人的憤怒，對於自我的厭棄……可以關在箱子裡。

依賴社交媒體，三不五時就要滑一下手機，查看一下自己（或他人）的臉書動態的底下留言區，有沒有人來回應；來留言的，又是誰。

看著這些陌生人的留言，自己一個人在螢幕前跟著悲喜。有時笑到樂不可支，有時則是氣憤難耐，跟著同仇敵愾，想要跟著去拚命，投入自己的滿腔感情。

它反映出當事者在現實人際關係的疏離，而網路社群成了安慰他、支持他的重要團體。

「爸媽只會嘮叨，還是線上的隊友好，跟我組隊殺敵⋯⋯」

如果聽診器能夠聽見一個人內心深處的自言自語，這些都是他們心底隱隱作痛的吶喊，曾經飄過的聲音。

「爸媽只會管我，只會嘮叨我。還是線上的隊友好，跟我組隊殺敵，還會給我鼓勵！我在家只要開口，跟爸媽就是避免不了的爭執與摩擦。家人都快變成仇人了！」

「我跟同事就是沒話說，跟他們要聊什麼？職場就是來工作賺錢的，同事都是合作性的利益或競爭關係，哪裡來的真情，不是嗎？反而是臉書上的各種社團，成員都能為我打氣，甚至還會陪我一起罵老公，抒發心中的鳥氣！」

社交媒體成癮滿足「有人在意我」的深層渴求

社交媒體成癮，始於現實世界中不被理解的孤單、求之不得的心酸寂寞，還有對於支持感、歸屬感及「有人在意我」的深層渴求。

此外，社群ＫＯＬ只要一發文，無論是正經八百的長篇大論，還是不到三句的生活廢文，下面就會湧現一大堆人搶著回應，或者跟著＋1。難道他們眼前沒有其他更重要的事？難道他們身邊沒有重要並且真正認識的人與之互動，更需要留意與關心？

要承認自己對於社交媒體成癮，是不容易，也是不時尚的事，尤其要去承認自己對於一台冷冰冰的裝置上癮，更是有些可笑，不是嗎？

想要瞭解自己有沒有社群媒體上癮，只要觀察自己在限制使用時期，有沒有戒斷時期的難受與痛苦。

如果你願意靜下心來仔細觀察，你會發現光是開機，裝置就彷彿有了溫度與生命，在那裡靜悄悄地吸引你、呼喚你去點開它，去使用它。

「心癢難耐」就是最好的辨識，也是最精準的形容詞。

對社交媒體上癮，但卻更孤寂?!

表面上，社交媒體帶來了立即性的安慰、鼓勵與支持，也能快速傳播許多知識性的資訊。然而，它也**同時剝奪了你在現實生活中的時間及注意力**，帶來更廣泛的孤寂，還有更深遠的社交媒體依賴。

如果你能看穿心理防衛機制當中的抽離與認同，是如何一步一步引領你走上社交媒體成癮的途徑，也許你會開始省思到：原來我就是透過網路，來逃避現實生活中沒有知心朋友這回事；原來我都是透過臉書社團，來平撫婚姻中的種種摩擦及不愉快，才能讓婚姻繼續走下去；原來我心中的正能量，都不是來自於我自己，而是KOL的語句及形象，帶給我溫暖，也讓我寄託了人生蛻變的希望。

留意社交媒體成癮，是當前社會的暮鼓晨鐘。

看穿心理防衛機制中，「抽離」與「認同」的層層交織，讓你真正的需求與情感現出原形。

雞蛋不要放在同一個籃子裡。無論是社交媒體，或者現實生活的人際關係，都是為你打氣的管道與方式。

接著，你會開始發現自我認同與肯定，是完整自己的最好方式。

Chapter 2

那些逃避的心理防衛+成癮行為，讓我們自我懷疑與否定

扭曲

他總覺得有人要害他，因此去搶劫，因為警察局最安全。

▼以「扭曲」事實來保護自己，令人唏噓，但若及早發現，其實是有機會面對、調整及處理。

我還記得早年在精神專科醫院工作時，有位態度親切、溫和有禮的男性病患。他的年齡還不到三十五歲，但是住院時間卻已經超過十年，他被診斷是妄想症。

在我與他會談的過程中，他的對答切題。他提及他當年千方百計，希望自己能被抓進警察局的經過，發病及住院的原因及始末。

他先是露出羞赧的微笑，似乎怕會被我笑，所以停頓了一下，猶豫著到底是要繼續說，還是乾脆不要說。

也許是我表達出不勉強的態度，還有散發出令人安心及信任的氣質。過沒多久，他就娓娓道來。

他的整段生命故事，我聆聽下來，縈繞在我心頭的感受不是好笑，而是心疼、感慨和唏噓。

總想著有人要害自己

時光拉回到他二十多歲。他說他天生性格內向，不善交際及言詞，心事都往肚裡吞，不太懂得情緒調適及抒發，更別說能夠適時適度找人求助。

直到他大專畢業後，正式踏入社會，開始進入職場，需要更常與人接觸，更多社交，來自各方各面的壓力及挑戰更多了。

那段時間，他心中的焦慮及恐懼感日益加深。他總是覺得不安，總是想著有人會來害自己。在職場或生活中，即將有人對他不利。

他就在焦慮、恐懼、猜忌、懷疑、忐忑、不安……反覆折騰裡，沒有一日睡得好，沒有一日能真正放心。

覺得警察局最安全，因此去搶劫

他說想來想去，就是警察局最安全。所以他就在光天化日之下，大庭廣眾地搶了一位女士的皮包。

不同於其他搶匪，一般人搶劫是為了把錢拿來花，是為了盜取金錢，甚至不惜傷人，然而他不是。

他只是希望自己能夠被警察關起來。他只是希望能夠透過觸犯法律，進而獲得進入警察局的機會，藉此獲得被警察保護的門票。

聽起來很荒謬，甚至很可笑，然而這卻是妄想症患者在發病之前，相當常見的想法及情緒內涵，只是各自的故事細節大不相同。

壓抑與扭曲交織

你可以想像，他的焦慮、恐懼、猜忌、懷疑、忐忑、不安……絕對不是一天、兩天的事。

引發他這些負向情緒的事件，也是冰凍三尺，非一日之寒，然而他長期透過心理防衛機制去逃避真正的問題，真正可以處理的層次；可能是性格退縮，需要學習及練習敞開心胸；可能是不善社交，需要學習人際關係及溝通；可能是剛踏入職場，也就是進入新環境初期的適應障礙，需要接受心理治療，需要友伴及家人的同理及支持，讓自己能夠逐漸提升到適應良好的水平。

然而，他卻選擇了壓抑，因為**壓抑是所有心理防衛機制的「基礎」**。接著，再透過「扭曲」來進行心理防衛，讓他的被害妄想內容更形牢固、堅不可摧，進而出現相對應的行為。

例如病患所採用的搶劫，其實是為了自我保護；這些荒腔走板、匪夷所思，甚至觸犯法律的行為，就會一再上演。

人人喊打的過街老鼠，其實是極度需要被幫助的人

然而，多數人只會看到外顯行為，進而評價、論斷及定罪；不會明白他內心的運作機制，也看不見完整行為的發展脈絡。

他成了人人喊打的過街老鼠。其實追根究柢，時間往回推，他是一個極度需要被幫助的人。

心理防衛機制當中的「扭曲」，是指一個人把事實加以曲解，讓它能符合自己內心的需求及動機，屬於精神病性的心理防衛機制。

很常見的表現，就是妄想與幻覺。妄想就是一個人把事實進行扭曲，或是把不存在的狀況視為確實存在，並且深信不疑。

這也讓我們看見，心理防衛機制極少單一運作，而是層層交織，先後出現。

想看穿心理防衛，須先放開是非對錯的價值判斷

想要看穿心理防衛，必須首先放開是非對錯，拿掉善惡好壞的價值判斷。但可想而知，這有多麼的難。光是善惡、好壞、是非、對錯的二元對立價值觀，就會激起多數人心中的滔天怒火。如果不先問罪，如果不先施予懲罰，許多人都是憤慨難耐，都是滿腔敵意。

整體而言，心理防衛機制始於一個人遭遇到了難題，帶來主觀心理上的龐大壓力。為了讓這些輕微的不舒服，或者是極端痛苦的感受能夠減輕，或者消失，所以透過各種心理防衛機制，來讓自己好過一些。

然而，絕大多數的心理防衛機制，都屬於不成熟的生存策略。雖然它能讓人暫時感到壓力減輕，免於焦慮；卻也讓人無須回過頭來面對，不用付諸行動去處理真正的問題，也因此，如同有「達摩克利斯劍」（The sword of Damocles）長期懸在那裡，直指你的眉心，時時刻刻提醒你：存在著危險，不要掉以輕心，隨時都要當心，但也永遠不得安心。

使用不成熟的生存策略，就是使用長期下來作繭自縛的方式來保護自己。確實，無論或大或小的壓力，有預感或毫無預期的變化，都會讓人措手不及。第一時間的直覺性反應就是逃避，每個人都是如此。

暫時性地逃避是為了緩衝，進而找到更有效的問題處理方式，也就是更成熟的生存策略。然而，長時間逃避就會讓「痛苦→逃避」、「壓力→逃避」的反應機制更加鞏固，甚至發展成更難處理，也就是精神病性的心理防衛機制。

心理防衛機制使用久了，會習慣成自然

為了保護自己，心理防衛機制常常好心做壞事。一開始，只是想要壓抑住內心深處的恐懼，不料心理防衛機制使用久了，竟然習慣成自然，**也讓思維過度僵化**。刺激一出現，立刻拉警報。只想到危險性，一律當成敵軍。

保護自己的方式若非積極迎戰，就是消極逃避。當一個人開始扭曲事實，並且深信不疑，世界也就成為必須逃離的危險，精神病性的妄想症狀於焉成形。

這也讓人不得不感嘆，作繭自縛的心理防衛機制，讓一個人對抗著從心中不斷發芽出來，源源不絕的恐懼。然而，這些恐懼的早期階段，卻是有機會面對、調整及處理。

其實，一個過度心理防衛的人，也是在「否定自己」。

因為否定自己，導致自我價值感更低落，更需要產生防衛心來保護自己，從而看不見自己尚未發揮的潛能，還有身邊的可用資源，而潛能及資源都能協助處理及解決問題。

尤其，如果能夠發揮內在潛能，面對及解決問題，反而能夠自我肯定及提升自我價值感。

這不只能掙脫心理防衛機制，還能突破人生困境，開創新局。

理想化

「別人的老公就是比較貼心。」「人家的老婆就是格外溫柔。」

▼被你「理想化」的情人，事實上並不存在。你只會失去認識對方的機會，以及無法學習到真正的親密關係相處。

「理想化」是一種心理防衛機制。它通常伴隨著分裂：善良與邪惡、光明與黑暗、好與壞、愛與恨之間的極端區分與切換。

理想化的對象，可以是自己、他人或生命經驗。生命經驗可以是過去曾經發生，此時已經不復存在，或者是實際上並未發生，尚未發生，也就是想像中的美好未來。

親密關係的過度理想化

很常見的，就是對於親密關係的過度理想化。你一定很常看到或聽到，網路上有趣的梗圖或對話，像是：

「別人的老公就是比較貼心。」

「人家的老婆就是格外溫柔。」

「國民老公有女朋友了！怎麼可以?!她是誰？她憑什麼？抵制她！」

「國民老婆嫁人了！全國暴動，當天證券市場停止交易，因為所有愛慕她的男人都無法接受。」

以上的對話，你覺得熟悉嗎？有沒有讓你莞爾一笑，甚至擊中了你的心思，讓你看見了自己，或者開始幫身邊親友對號入座呢？

這些都是心理防衛機制當中，對於「他人」及「生命經驗」的理想化。

為什麼呢？

別人的老公，其實妳根本不認識；別人的老婆，可能你連她的聲音都沒聽過；至於國民老婆或國民老公就更有趣了。他們泰半都是偶像或名人，甚至是英雄；例如戲劇電影明星，或者體壇或各領域的台灣之光。

那些螢幕上的甜美形象，還有偉岸的氣概，**不外乎經紀公司的包裝**。還有，為了符合劇本角色，進而打造出來的形象，藉此吸引觀眾，也就是消費者的目光，**才能帶來巨大的經濟及商業利益**。讓許多人愛著他們的同時，前仆後繼地掏出錢，不計代價地去支持（也是資持）被理想化、被神化的他和她。

理想化有壞處嗎？

心理防衛機制的理想化有壞處嗎？頂多就是放大別人的優點，不是嗎？頂多就是高估別人的一切，還好吧？

首先，你必須看見理想化容易招致幻滅。**理想化會讓你對於自己，尤其是對於身邊的人，包含親密伴侶感到失望**。這才是對你而言，最直接而重大的影響。

更極端的發展，就是你會從比上不足，作為起點，開始厭惡對方；從原本還算滿意的八十分，到食之無味，棄之可惜的六十分，接著就到慘不忍睹，留著何必的零分。

人非聖賢，誰能完美？將身邊的親密伴侶，拿來跟已經被理想化的名人相比，誰不是輸慘？親密伴侶會在你面前不修邊幅，展現他最真實的一面；名人亮相時總是完美，態度總是謙遜，語氣永遠親切。

不僅如此，我們還必須看見心理防衛機制——理想化所影響的其他層面，尤其是你內心深處的盤根錯節。

內心滋長出嫉妒與憎恨

心理防衛機制當中，其實夾雜著多數人毫無覺知的矛盾及苦澀感受。

一方面，羨慕著彼岸，羨慕著這些被理想化的公眾人物，能擁有這麼完美的伴侶，實踐事業上的成功，還有過上錦衣玉食、人人稱羨的生活。聚焦理想他者的同時，可以讓自己暫時擺脫眼前的現實，不去看到自己的平庸。

另一方面，為什麼他們這麼好呢？憑什麼他們能夠擁有一切呢？我也很努力啊！我沒有做壞事，甚至還熱心公益呢，老天真是不公！難道是我的祖先沒有累積足夠的陰德值。所以，開始在內心深處滋長出嫉妒與憎恨。**這些更是許多人無法去感受、覺察，甚至承認的一面。**

然而，若是有朝一日，這些被你運用心理防衛機制，進而理想化及神格化的公眾人物出現緋聞，甚至是嚴重醜聞，就會讓你認知失調，覺得無法接受；同時，也引起眾人撻伐，曾經如同神一般的他，瞬間從高高在上的神壇，摔落進化糞池；從滿室芬芳，到臭不可聞。

你開始想著：他們也不過如此嘛！人都是有七情六欲，哪有那麼厲害。果然，我老早就知道他們的婚姻怪怪的……嘴裡說出的奚落，內心卻偷偷地竊喜，還有此時此刻相形之下，你的處境好多了。

看到他身陷風暴（發生悲劇）的同時，更是讓許多人大快人心。這正是**心理防衛機制——理想化運作下，讓人毛骨悚然的地方**。

過度理想化，無法真正認識對方

將他人或生命經驗理想化的過程，包含了忽略、無視或否認任何不符完美形象的部分。

每當發生浪漫的愛情，就如同情人眼裡出西施。你眼中只看到對方的好，只看到對方的大方與友善，看不到對方的缺點，或者其實跟你不合的部分。

直到進入交往階段，才開始唱起〈夢醒時分〉；直到決定分手，才大嘆「恁祖媽當初真是被蛤仔肉糊到眼睛。」

如同我在第一章提到，心理防衛機制，人皆有之。適度運用，就是好的生存策略；過度或錯誤使用，就是不成熟的生存策略。

你一定同意，每個人都是獨一無二的個體。既然獨一無二，也就代表你和他之間，會有許多不同。在相處過程中，持續進行調整。在不違背大原則的前提下，給予包容。

多數人最初都是透過理想化的心理機制建立了愛情。然而，若只是處於理想化的階段，就無法用不同的觀點去看待親密伴侶，去認識對方的更多面向。同時，你也失去了面對真相的機會，還有學習與真相共處的能力。

所謂真相，是指**親密關係的真相：酸甜苦辣，豐富滋味**。

這世上，不存在「靈魂伴侶」

此外，親密關係另外常見的一種理想化，就是所謂的「靈魂伴侶」。坊間許多心靈文章，反覆論述每個人都有屬於自己的靈魂伴侶：一定有那個最契合你的人，一旦遇到她，只要找到他，你就不會在人海裡流浪，再也不會在情場裡載浮載沉，碰碰撞撞，跌了一身傷。

這個實際上並不存在的人，自然不會讓你失望，也不會跟妳產生意見上的摩擦，更不會有金錢使用上的觀念歧異，不會有齟齬。更重要的是，理想化的他，不會變化（變壞），更不會無常。

看穿心理防衛機制的理想化，不再透過全有全無、非黑即白的分裂方式，對於你的親密伴侶進行判斷。

世界上從來就不存在完美的人，自然也就沒有完美的另一半。

在親密關係中，我們都是持續學習的人。

認同

臉書或ＩＧ照片狂修圖，每張照片都是競賽，背後都是比較、焦慮與憂鬱。

▼最好的「認同」對象，就是你自己。你有缺點，也有優點，更有屬於你的獨特。

上傳網路的每張照片都是競賽

網路帶來數不盡的便利，然而也帶來了濾鏡整形的潛在問題，還有社交媒體成癮的嚴重問題。

拍照上傳都帶有表演的心理。很少有人會「零」修飾地呈現自己最真實的一面。多數人都是反覆拍攝，直到出現一張最適合上傳的照片：下巴夠尖、手臂夠細、眼睛夠大、線條夠美，至於無法透過鏡頭角度調整的氣色及膚質，沒關係，還有濾鏡。

然而，如果鏡頭置放角度也救不了你，還有功能越來越強大的修圖軟體。它可以幫你上妝，還能直接幫你的臉型塑形。從圓餅臉變成瓜子臉，從滿臉痘疤、膚色黯沉到吹彈可破、膚如凝脂，完全就是天生美肌。

打開美肌功能，使用修圖軟體可以是樂趣，探索新發明。把它當成玩具，也能滿足好奇心。但是過度仰賴，甚至不知不覺中，必須透過它來改變、扭曲真實的自己，來獲得他人喜愛及社會認同感時，就是警鐘響起。

使用更多時間來研究如何修圖，花了更多時間沉浸在社交媒體，看看點讚數有沒有持續攀升，有沒有人留言及按愛心，心情隨之忽高又忽低。

更極端的發展，**每一張照片都是競賽，背後都是比較和焦慮，甚至是憂鬱**。

我們都有被人喜愛的心理需求

沒有人不渴望被人喜愛，這是正常的心理需求。所以從小到大的心理發展路徑，就是每個人都會去效仿自己喜歡的對象，把他或她當成自己的偶像，希望自己長大之後，也可以成為他或她。

以往常見的效仿對象，多半會是歷史人物，或者是傳記名人。他們立下對國家、對社會的豐功偉業，還有具備堅忍不拔的人格特質。

現在可不同了。光有內在還不夠，亮麗出眾的外觀、完美無瑕的五官，更是必備條件之一，因為它最吸睛。

那也才是在以圖片為主的ＩＧ上，第一時間便能吸引眾人目光，讓人立刻點讚的方式。不需要文采出眾，更不用文情並茂，即使有錯字，也沒關係。圖片遠遠勝於文字。甚至，這也反映出許多人沒有耐心去深思及品嘗文字，去咀嚼及體會文句背後的深意。一切都是囫圇吞棗，**對於資訊（訊息）的理解及吸收，也越來越速食**。

這與心理防衛機制有什麼關係呢？在心理防衛機制當中，認同是指一個人去模仿、吸收及學習自己欣賞、熱愛及崇拜的人。

想要將對方的人格特質及專長納為己有，把對方的言行舉止、思維及態度作為自己的一部分，作為表達，以提升自己的自信、榮譽及安全感，保護心中的匱乏及不安全感。

為什麼我們如此努力效仿別人？

讀到這裡，你一定會立即聯想到，這個時代才有的專有名詞，也就是「ＫＯＬ」或者「網紅」。

發展得好，網路上的ＫＯＬ就是引領你成長的楷模；發展失敗，它就是你用來濾鏡整形的參考範本，藉此擺脫心中自卑的毒藥。

多數人都想要效仿別人，瞭解他們是怎麼成功的，是怎麼獲得喜愛的。然而，**卻沒有回過頭檢視自己的內心，為什麼這麼渴望成為另外一個人？為什麼這麼需求他人的關注及肯定？為什麼這麼在意按讚及追蹤數？**這些才是讓人深陷網路世界，產生社交媒體上癮的核心原因。

其實是因為你的潛在自我，有著深層的缺陷感及不足。你的自我形象、自我觀感是傾向於負面的，也就是沒價值，是不夠好，也不夠美的。

此外，你在現實世界裡的人際關係，孤孤單單；甚至是長年社交疏離，可能是社會裡的邊緣人，也無人知心。

看不見自己心中的卑微，看不到自己的自艾自憐；看不見自己的獨一無二，看不到自己早已具備的好，而是想要成為一模一樣的複製品。因為你認為這樣才會討喜，才能受到歡迎，才能不再孤寂。

ＫＯＬ心中的「微笑憂鬱」

只要越來越多人關注你、喜歡你，你就能擺脫現實生活中的孤寂，不再被無視，甚至不再被排擠。哪怕是花大錢整形，也在所不惜。

然而，這是真的嗎？你所付出的，與你未來所能獲得的，真能成正比？**這項與魔鬼的交換，真會換來等值或超值的東西？**

此外，如果你能夠看穿，這些光鮮亮麗、呼風喚雨ＫＯＬ心中的「微笑憂鬱」。身為公眾人物，即使心中有著明顯的憂鬱情緒，卻要戴上微笑的面具，讓粉絲們以為他們過得很開心，讓追蹤他們的人，以為ＫＯＬ的生活順風順水好得意，而不能揭露真正的心情。

因為他們深怕掉粉，因為他們擔心不完美的一面會讓粉絲幻滅，進而取消追蹤及斬斷後續的商業合作可能帶來的龐大利益；或者，為了維持纖細的體態，他們好久沒有吃飽，很久沒有點過炸雞。任何美食都只能吃三口，還要對外宣稱自己吃不胖、自己不挑食，其實天天都在節食，甚至有飲食障礙的問題。也就是食物咀嚼就吐掉，或者催吐的情形。

越認同網紅，越增加自己比不上的壓力

當你透過心理防衛機制的「認同」，去追逐這些你覺得無懈可擊的ＫＯＬ時，其實也是在徒增自己比上不足的持續壓力。

此外，當你越是仰賴社交媒體，無法避免，也必須學習面對的，就是可能出現的「網路負評」。

相信你一定聽過「樹大必有枯枝，人多必有酸民」，不過雖然多數人都聽過，卻鮮少有人能不被酸民留下的負評影響心情，甚至因為網路負評，讓人產生嚴重的自我懷疑與自我批評。

多數人都是想從社交媒體獲得支持、掌聲及鼓勵。沒有人想要社交媒體帶來的攻擊、謾罵和批評。

所以，當你過度認同網路，還有刻意營造經由軟體所改良後的自我形象時，你就是把你的心理健康，與網路評價牢牢地繫在一起。

同時，這也讓你錯誤地以為，透過軟體所改良後的自我，才會是被人接納及喜歡的樣子。你可能會拿著濾鏡修圖後的照片，去找醫師整形。逐漸地，**你就會與真實的自己更加疏離**。

你會發現，最好的認同對象，其實就是你自己。但這有賴你開始深入瞭解自己。你有缺點，也有優點，更有屬於你的獨特。

當你透過完整地自我認知，持續地自我肯定，還有日益堅固的內在自信，你就不再需要數位改良後的自我形象。真實而完整的你，就是最美的樣子。

理智化

「失戀誰沒有過，我不會哭，也不傷心。」

▼「理智化」是最完美的心理防衛，他們常將更好的自己掛在嘴邊，而追求更好的自己背後，是對當前自己的無法接納。

「這本書根本就是心靈雞湯。有實證研究數據嗎？結果可以複製嗎？」他撇撇嘴，臉上皮笑肉不笑地評價著女友方才熱切分享，想要推薦給他的新書。

「它才不是心靈雞湯！我讀起來確實受益良多，解答了我心中的許多困惑。」她急著辯解，努力要證明手中的心理學新書是多麼受用。

然而，一看到男友的表情，再聽到男友的回應，頓時讓她很洩氣。彷彿熱臉貼了冷屁股，還有被打臉的感覺。她的內心很不舒服，卻又說不上來。她總覺得哪裡怪怪的。

「理智化」是最完美的心理防衛

曾幾何時，心靈雞湯的意涵竟然是負面多過於正面，是無用多過於實用。

在這個推舉冷靜、頌揚理性及崇拜科學的年代，一切都要訴諸研究、數據和邏輯……不僅使得升學壓力與菁英思維的觀念持續不墜，而幕後推波助瀾的那隻手，更讓許多內心深藏著自卑、無助及羞恥感的人，得以透過「理智化」來進行最完美的心理防衛。

所謂的理智化是指一個人控制自己的情感和欲望。透過冷靜的表現，全然的理性及講求實證研究及數據的科學，得以隔離自己真實的感受，樹立自己的形象、鞏固自己的地位、強化自己的觀點，進而保護內心的脆弱及自卑，這讓我想到個體心理學派創始人阿德勒的「自卑」與「超越」。

確實，將自卑的情緒化為超越的行動，當然是好的。總好過將自卑化為自暴自棄的行為，怨天怨地怨別人，進而葬送了自己的人生。

然而，**會不會有人終其一生都在追求超越？因為支持他不斷超越的潛在自卑從來都沒有與他和解？**一定有。

總把「更好的自己」掛在嘴邊

曾幾何時，許多人開始把「更好的自己」掛在嘴邊，這五個字彷彿上進、積極、勵志……的化身。許多人在臉書及ＩＧ貼文的hashtag，總要標上「更好的自己」這五個字。不標上的話，這篇貼文就無法畫下句點。

然而，如果你深入剖析，瞭解他們的內心世界及成長過程。你會看見他們心中的對手與敵人就是自己，以及深植於心中的自卑，而不是別人。

他們總是覺得自己不夠好，有缺陷，有待改進，所以才會追求更好的自己，**拼命地衝刺**，不斷地向前；**而不是進步很好，但是沒有進步，也很棒**。他們過度剛強與堅硬，少了柔軟與彈性。

你能接納自己的自卑嗎？

別忘了，每個人都需要涵容（containment）自己的空間。涵容是指包含、容納的意思。你可以把它想成容器，將你心中的內容物裝起來，不讓它流失或漏出來。

這個名詞常見於母嬰關係。照顧者如同一個好的容器，能夠將嬰兒的心理感受，無論是好是壞，都盡可能地包容起來。讓嬰兒能夠在未來發展中，重新將它們進行整合，如同光明與黑暗並存，而不是分裂及對立一般。

那麼，想必聰慧的你就能明白，難道成人不需要嗎？是的，成人不只需要，而且更為需要。只是**涵容自己的人，不再是外在的照顧者（例如母親或父親），而是你自己**。

你可以接納自己，那些潛藏在你內心深處及早年生命經驗的自卑，而不再是與之作對，不再運用心理防衛機制，把它藏得更深，推得更遠。

為撕下難聽的標籤，必須更努力、更上進

有些人對於自己的家世背景，比如小時候環境不好，經濟條件很差，爸爸媽媽是撿破爛

的，曾經有過餐風露宿的童年；又比如母親當年是介入別人家庭的第三者，所以他的身分證上面是父不詳，父親欄位空缺。私生子或私生女是他一生如影隨形的標籤，也不時遭受他人非議及指指點點，所以他們必須更努力、更上進、更積極，才能擺脫這些難聽的標籤，才能夠證明自己的乾淨，甚至期許自己，不會步上母親的後塵，不會複製她的感情經驗與人生。

所以，面對外界不懷好意的攻訐時，善用心理防衛機制「理智化」的人，往往能冷靜自持，也能夠笑臉迎人。你可以想到螢光幕前的甜姐兒，又或者是政治領域的名人，還有你我身邊那些總是過度擁抱理性、邏輯與思考的許多人。

以客觀和理性，包裝內在的恐懼

全球公衛教授及世界級公共教育家漢斯・羅斯林（Hans Rosling）的《真確——扭轉十大直覺偏誤，發現事情比你想的美好》一書。羅斯林教授提到「恐懼型直覺偏誤」，它時常讓人將注意力聚焦於危險，如同過濾器一般。進而，我們要學習明辨，驅策許多人行為的內在原動力是恐懼，然而，他們的外在包裝都是客觀與理性。

也因為這個時代及社會對於理性的過度推崇，所以多數粉絲看見的，都是他們外顯客觀與理性的冷靜外皮，而不是內在的恐懼、猜忌與不信任的心理。

如同二〇二一年，因為COVID-19疫情升溫，有些人急迫地儲備糧食、買入冰凍櫃、記錄足跡、嚴密計畫……這些都是「看起來很理性」，不是嗎？但讓人遺憾的，這正是當前社會許多人看不穿的恐懼型偏誤與心理防衛機制。

剖析自己才是真正的坦途

近年來，心理相關書籍吹起了一陣旋風，NLP（神經語言程式學）……各種帶有心理因素的課程大行其道。一瞬間，只要修過一些課程，讀過一些書籍，許多人都能夠成為心理專家。針對人心、人性進行剖析，甚至是義正詞嚴地「自圓其說」，自我感覺良好地「自我辯護」。

然而，你若抽絲剝繭，你會發現他們聚焦的多半是人性當中的黑暗面，而這類課程還特別賣錢。

我發現，越是能完整涵蓋人性，真正理解人性光明與黑暗並存的人，他們的態度越是柔軟與謙卑。他們不會信口開河就是人性……那些更接近於半調子。

半調子的專家更常剖析別人，勝過於剖析自己。為什麼呢？因為不想面對自己的心理防衛。

其實剖析自己才是真正的坦途。最瞭解你的人，應當是你自己。只是你習慣透過各種心理防衛機制，來進行逃避。

不用無懈可擊，不用刻意完美，而是看見為了克服心中的自卑，你過度使用理智化的心理防衛機制，讓你長時間內外拉扯。在理智與完美的面具之下，活得好累。

接納內心的自卑，看見它是你生命中的一部分，而不是必須使盡全力，擦拭掉的汙點，你就能從內心中長出真正屬於你的客製化自尊。

你的自尊不是來自於虛假的完美，更不是建立在別人的看法及觀點，而是對於自己的全然接納。

你不再因為強烈卻又抹不去的自卑，需要耗費更多的心理能量來進行防衛，以及更努力地維持笑臉，去超越自己，去證明一切。

開始掙脫嚴重的心理矛盾，進而讓內心能夠感到自在及安穩。

合理化

「只要吃藥就會好了。醫生說的話，我都有在聽啊！妳憑什麼管這麼多？嘮叨鬼……」先生對妻子怒吼。

▼以專業及權威「合理化」自己的行為，為自己的行為背書，卻更迴避原本的問題。

「只要繼續吃藥就會好了。醫生說的話，我都有在聽啊！妳憑什麼管這麼多？妳是醫生嗎？妳很嘮叨，妳不知道嗎？」說著說著，他逐漸變得怒目而視。

讓餐桌旁勸他不要依賴藥物，以免過量服藥的太太，內心也油然而生委屈，以及藏在心中，沒有直接發作的隱隱憤怒。

「我也是存著好意。吃藥又不是吃補，希望他透過運動來改善失眠，不要長年依賴助眠的藥物，或者是託友人從國外帶回來的褪黑激素，他就是不聽。還笑我沒有見識，沒有常識，不然至少也要看電視。甚至嘲笑我自以為是醫生，明明就沒有讀過醫學系。」

坐在我面前的她，不知不覺說到肩膀開始發抖，進而掩面放聲哭泣。

合理化＋否認同時運作

心理防衛機制中，很常見的「合理化」，是指一個人用看似理性、合乎邏輯的方式，為自己的行為、情感及狀況進行辯護、解釋及說明，藉此得到正當性。使其他人可以接受，或者必須接受。

它也時常與另一項心理防衛機制「否認」同時運作。因為運用心理防衛機制的人，往往都要先否認眼前的問題，也就是拒絕承認，才能迴避討論及處理。

同時，否認自身問題的人，往往也夾帶著一種隱形的優越感。他們認為別人的建議（尤其是親密伴侶，最常見的就是太太）不如自己。當然，更是比不上所謂的專業及權威。

對他們而言，家人的關心與提醒，其實是讓他們的自尊受到挑戰及威脅，還有被直指他們心中可能也有的矛盾及困惑。只是，當下的他們不願意面對。

所以，他們反而指責起關心自己的人。希望家人閉嘴，不要干涉自己，進而造成關係的摩擦，甚至是導致破裂。或者，彼此從關係親密走向了同床異夢。關係變得疏離，兩個人漸行漸遠。

合理化容易與權威掛鉤，也更難鬆動

許多人都會透過心理防衛機制的合理化，來因應心中的煩躁不安，來為自己的行為找到完美的理由、解釋及下台階。

所以，合理化特別容易被人採用，也就是用尋常人性的反應，來為自己的行為進行解釋。

合理化更是容易與權威產生掛鉤，因為權威代表專業、可靠及地位不可動搖。

因為多數人，也就是普羅大眾，不可能超越該領域專業人士的能力，也不可能具備權威所具有的公信力及價值。也因此，使用合理化來進行心理防衛的人，他們的態度更難以鬆動，行為更難以改變。

當我們面對權威，極容易屈服

為什麼呢？你可以進一步思考，從小到大，當你面對權威時，是不是很常自動心虛，主動敗下陣來？無法堅持自己的意見，甚至，光是連說出口，表達想法的勇氣，都直接煙消雲散？

誰是權威？

醫師就是權威，律師也是權威，老師也是。幾乎許多「師字輩」的職業都會讓人聯想到專業，進而賦予權威的地位，這當然無可厚非。

醫師、律師、老師、護理師、心理師、社工師、職能治療師、物理治療師……透過長年的專業訓練，通過國家考試認證，還有實務工作經驗。他們的判斷及觀點，當然能夠成為民眾參考的方針。

問題在於專業的意見被當作「合理化」的藉口，也就是他們被用來抵禦你的提醒、關心及意見。

專業與權威的意見，也可能過時

此外，我們必須留意，來自專業與權威的意見，也可能過時。因為研究發現日新月異，需要也與時俱進，定期更新，才不會如同電影《九品芝麻官》裡面的戲言：「用明朝的劍，斬清朝的官。」

為什麼過量服藥需要提高警覺呢？當一個人運用心理防衛機制，將權威的建議無限上綱，把專業的意見作為合理化的藉口，想要仰賴藥物來解決身體的不適及所有問題，不去嘗試其他對自己健康有益，但是速度緩慢而需要恆心及毅力的方式。

我想起美國電影《藥命交錯》（Crisis），這部片的結語是：「每年死於止痛藥的人數，已經超過越戰死亡的人數。」當時這句話就在我心中投下震撼彈。

透過進一步探究，我這才發現，濫開止痛藥為美國帶來了災難性的結果。在二〇一六年，因為濫用止痛藥的致死人數就高達六萬三千六百三十二人，光是這一年的死亡人數，就超過美國在越戰期間因為戰爭而死亡的軍人總和。

用權威背書，迴避根本問題

因為藥物過量（成癮）而帶來死亡，是不是很諷刺，更是讓人痛心呢？原本是要用來救命的設計，也是恢復健康的美意，竟然成為喪命的推手，讓人無限唏噓。

所以，心理防衛機制中的合理化，也是「最恰到好處」的藉口，讓人能夠自圓其說，說服他人，也說服自己：我服藥是對的，絕對是正確的。

而且，有權威為自己的想法、行為及動機「背書」，更是符合了社會期待，還有多數民眾的認知。然而，也因此，**他內心深處真正的動機，想要迴避的真實原因就能埋藏得更深，不會被探究，也不會被發現**。因為他已經找到能被多數人接受，也不易產生質疑的說法，讓他能夠維持現狀，無須改變。

不能忽視耐受性以及戒斷症狀

同時，我們不要忘了藥物對於生理的影響。換言之，他並非刻意跟你作對，不單純是心理防衛機制的「否認」及「合理化」在作祟，而是他的生理結構及腦部功能可能已經被藥物所改變，也就是產生了所謂的耐受性：需要服用更大的劑量，才能夠達到相同的效果；或者是出現所謂的戒斷症狀。一旦停止使用，就會出現各種不適的症狀，甚至是極度痛苦難受。

所以你叫他停，他就是停不了；也許連他自己，都覺得莫名其妙。

無形無色無味的心理防衛機制，還有逐漸發展的生理變化，多數人都不明白。然而，這些都是我們必須看見，並且正視的環節。正視這些是如何影響及改變了一個人，我們才能從中破解。同時，不讓欲助的自己越幫越疲倦，越來越狼狽。

投射與理想化

為什麼你剛愛上對方時，對方是完美情人，一交往，全破滅？

▼愛情裡的「投射」與「理想化」，讓你讓渡了屬於自己的優點，加總與加乘，神化了你眼前的這個人。

熱戀中人都是難分難捨。是吧？愛情總讓人心醉神馳，世界上再也不會有另外一個人，能比得上你眼前的這個人。

他（或她）是如此完美。言語談吐、氣質態度、修養學問、穿著打扮，乃至於定期捐款、熱心公益、愛護小動物……這麼有愛心的人，肯定就是最好的伴侶，也是最理想的人，對吧？

為什麼每當你愛上一個人，或者是開始欣賞（心儀）一個人時，對方在你眼中總是如此完美？全身上下永遠都是零缺點，根本就是男神女神的化身。

直到你跟他正式交往，雙方有了更多的互動及日常生活的相處時，對方當初在你心中的完美泡泡，卻開始一一破滅。彷彿是先前的你瞎了眼，或者是他（或她）太會演，才讓你逐漸淪陷在愛情的詭譎及苦海裡。

為什麼愛情萌芽↓熱戀交往↓徹底幻滅？

「當初他不是很有愛心，最喜歡小動物了嗎？看到路邊的流浪貓狗，他會主動去餵食物，甚至看到公園裡的松鼠受傷，還會『鼠溺己溺，鼠飢己飢』，立即撥打動物救援專線？這些不都是同理心的象徵嗎？怎麼成為他的女朋友之後，兩人只是有了小摩擦，他就對妳愛理不理；甚至明知妳下班途中，因為突如其來的滂沱大雨受困，卻叫妳自己搭計程車回家，說他正忙著線上遊戲破關，一時半刻無法離開。還有，家裡狗糧一看就知道快沒了，他完全不管，叫妳自己去買！」

這是不是很熟悉的愛情萌芽↓熱戀交往↓徹底幻滅的發展情節呢？而這就是心理防衛機制的「投射」＋「理想化」暗中作祟。但是多數人都渾然不覺，然後從愛得好熱切，直到愛得好狼狽，還有愛得好疲倦。

你將自身的優點投射在對方身上

所謂投射，就是「一個人把自己擁有的特性及價值觀，投射到了別人身上。投射本身是中性的，可以投射好特質，也可以投射壞特質。本篇針對甫陷入熱戀的人，所以這裡的特性及價值觀，指的是優點、追求與信仰。換言之，你讓渡了其實是屬於自己的優點，進而認為，是被你投射的人才具備了這些優點」。因此，你眼前的這個人變得如此完美，是因為他不僅具備他自身原有的優點，還有你自己投射過去（但是你不知道）的其他優點。加總與加乘下來，變得彷彿是神。所以才越看越完美，越看越加分，接著就是愛到不可分，必須在一起，擁有這個人。

愛情關係最常見的，就是這樣的優點、追求及信仰投射，是心理防衛機制當中，理想化的其中一部分基礎（另一部分基礎，也是理想化的更大核心——「分裂」）。

你看到他的同理心，其實是你善解人意。

你看到他很有愛心，其實是你關懷弱勢。

你看到他好學上進，其實是你勤奮努力。

只是你都沒有向內觀察，往自己的內心探索，反而是在不知不覺中，把自己身上早已擁有的眾多優點，全都投射給了別人。

愛情裡的天大誤會與盲點

更誇張一點，就是你毫無自覺地認為，相形之下的自己不值一提或一無是處，以至於對於伴侶的崇拜心態更熱切，心中的愛意更強烈。

你覺得自己很渺小，你覺得自己不夠好，你覺得自己距離完美的他，差距甚遠，所以必須更努力，更認真學，才能夠配得上眼前的神。

殊不知，其實那都是屬於你自己的潛在優點，只是你自己沒看見，或者看不見。甚至是都投射出去，也就是給了別人。結果是你益發自卑，你的自我價值感低落，然而你眼前的他，卻是完美而高貴。

接著，這裡出現的愛情天大誤會，也是許多人終其一生相隨的盲點，就是你以為若想要擁有這些優點，想要成為「更好的自己」，唯一的方式就是要跟這個人在一起，必須擁有這個人，務必要成為他的伴侶。

如果沒有跟他在一起，這些很棒的特質，例如善解人意、聰明、能幹、成熟、智慧、大方、有愛心……以及由此延伸出來的美好人生：也就是從容不迫、游刃有餘、幸福和樂、受人景仰的相關連結，就不會產生了。

若戀情不順，無法避免的嫉妒及哀怨、痛苦及憤恨

也因此，求之不得的嫉妒及哀怨，得到之後卻失去（也就是失戀）的強烈痛苦及憤恨，就會隨之而生，這些就是心理防衛機制「投射」及「理想化」過度運作後的可能結果。

若是沒有跟他在一起，妳就跟幸福快樂無緣；若是她後來跟你分手，選擇去跟別人在一起，你的美好人生就從此破滅，再也沒有快樂的可能。所以你感到痛苦萬分，所以你開始咬牙切齒，因為必須有人為你的不幸付出代價，彷彿你被掠奪了人生。

你深陷受害者情結，總是垂淚，形銷骨立，頭疼欲裂；卻沒看到美好人生的掌舵者，其實就是你本人。

如果你能夠從最初的源頭看到，其實是你把自己早就擁有的潛在優點及內心深處追求的信仰，投射到別人的身上，然後持續地美化他、神化他以及過度理想化。接著錯誤地以為，唯有跟他交往，只有跟她結婚，你才能透過擁有這些優點，實現你的美好人生，踏上王子與公主從此幸福快樂的方向。

華人文化的問題：不能自我肯定，那是自誇；不能自我勉勵，那是自大

殊不知，你才是優點的最初來源，只是你看不見，或者是怯於承認，這也是相當常見，深植許多人血液裡的華人文化：不能自我肯定，那是自誇；不能自我勉勵，那是自大。

所以你總是把自己當成了醜小鴨，卻忘了你會逐漸地長大。你會打開眼界，看見社會價值觀及傳統文化是如何影響自己；你會透過持續學習，深入探索及認識自己，進而看見自己原來是這麼漂亮！那些潛能與優勢，足以實現美好人生的能力，還有對於普世之愛的追求與信仰，從來都是屬於你自己，而不是你曾經以為的另外一個人，他只是你理想化的對象，他只是你將潛在優點投射出去，才成為的「神」。

終於，你看穿了投射及理想化，褪去了投射的光暈，拿下了理想化的面紗。

換言之，從模糊不清的自我認知，到日益完整的自知之明。

不再讓渡屬於自己的優點，也不再被愛情蒙蔽雙眼。從而，我們不再為愛所困。

相愛時，享受愛情的甜美；單戀時，品嘗欣賞的滋味。

又或者，重新愛上你自己這個人，不再投射出去，終於看見，原來優點早已齊備。

否認、投射與反向作用

為什麼愛情會有試探、口是心非，讓人焦慮與煎熬？

▼愛情裡的「否認」、「投射」及「反向作用」混合使用，是來自於恐懼與不安。

擔心自己全然付出，卻被當成傻瓜，或者遭遇背叛，所以乾脆留一手……

「否認」+「投射」+「反向」作用：組合成一個人的口是心非

在所有「無言的結局」或者「無疾而終」的愛情裡，一定都有心理防衛機制的作用，只要攤開來看，深入剖析，一定都無所遁形。

然而，為什麼這麼多人就是不明白呢？不明白對方說的盡是「反話」，不明白對方早已經愛上自己，時時掛念及關心著你。又或者，聽不懂對方的弦外之音，也無法意識到他渴望妳先說出口。兩個人都默默地猜測彼此的心，彷彿高手過招，誰先出劍，誰就先輸。明明早已在同一張雙人床上擁抱著，身體交纏著，然後迎接隔天的黎明。

有「台灣柴門文」美譽的作家水瓶鯨魚，她在愛情漫畫《布爾喬亞的半山腰》，描繪一對男女在高級餐廳約會，但兩個人的對話都在高高的半空中，如同處在半山腰。

他們用知識分子的高姿態及假掰口吻，描述著調味料、牛排及黑鮪魚肚的口感及肉質，談著藝文、聊著文藝。其中一個人總是語氣揶揄，言不由衷；另一個人則是欲言又止，終於放棄。

「口是心非」的互動中，說的都是廢話，心理都是防衛機制。

言不由衷的那一個人，想說的，其實是我想見妳，渴望的是更靠近；欲言又止的那一個人，準備要說，但終究沒說的，其實是想要問清楚：「我們到底是什麼關係？」渴望的，是拉起他的手，望著他的眼睛，告訴他別再玩心理遊戲，我們已經在一起。不再迂迴，不再防衛，不再撲朔迷離。

讓女孩們不安又焦慮的親密關係

在心理治療工作中，不時有個案帶著相同的困惑前來，那些讓她們神傷、不安、焦慮及徬徨的親密關係。

「從去年十月開始，我從交友軟體認識了他。我們很談得來，我也確定他現在單身，沒有其他女朋友。約會至今將近兩個月。我知道妳要問什麼。對，我跟他已經有過身體上的親密關係了，不是在他家，就是在我家。相處的時光很愉快、很開心。可是，我不知道我們算不算得上是男女朋友。他從來不談這個，而我，也不想要先開口……」外型亮麗，穿著時髦的她繼續描述著。她說的是「那個對象」，而不是男朋友。

「即使他的工作忙碌，時常需要開會及con-call，他也會在我出國的當天，因為搭乘清晨的班機，所以半夜開了大老遠的車子送我到機場，然後再一個人開車回去。我知道那是他言語之外的關心，他用行動確保我安全抵達目的地。」

接著，她有些落寞地搖搖頭，眼神看向遠方說：「然而，我始終沒有在提出分手前，認真並嚴肅地問他，我們到底是什麼關係。」這彷彿是她纖細迷人的外表下，獨立聰慧的形象背後，深深埋藏在內心的永恆的問句。

「付出有所保留」及「時不時地試探」背後是恐懼及不安

這正是二十一世紀常見的男女關係，也是親密關係。早在《愛無能》的書裡，就一再提及類似的課題：沒有真正的能力去愛對方，而是選擇性地陪伴，有保留地給予，在關係中帶著更多的試探。彷彿全心全意去愛，就注定會受到傷害。

兩個人的關係進展神速，所指涉的都是身體上的接觸，也就是性愛。跟古早時候，你媽媽我爸爸的那個「發乎情，止乎禮」的時代，約會方式及發展速度已經大不相同了。

在親密關係中有所保留，帶著試探，就不得不去看到「付出有所保留」及「時不時地試探」底層的心理防衛機制正在運轉。為什麼呢？因為核心就是恐懼及不安。

擔心自己全然付出，卻被當成傻瓜，或者遭遇背叛，所以乾脆留一手，以免日後情感轉淡，關係結束，就是全盤皆輸，成了情場上的冤大頭。

必須時不時地試探，看看對方如何回應自己，據此判斷是真情，還是假意，還有夠不夠愛自己；然後再依此決定，自己要付出多少，要給予什麼，才是剛剛好。機關算盡太聰明，其實不是讚美詞。

為何心理防衛機制如此難以辨識呢？因為多數時候，是「一種以上」的心理防衛機制混合使用。

口是心非的背後，有「否認」，也有「投射」，再加上「反向」作用。

否認：明明他早已經愛上妳，卻否認內心真實的情感與愛意。對他而言，拒絕承認會讓自己感到不安，甚至是會引發極大焦慮的具體事實：愛情，藉此來保護自己的情緒，捍衛脆弱的自尊。

他對於這段愛情，沒有絕對的信心，也沒有足夠的安全感及勇氣，所以乾脆否認到底。

投射：明明他先愛上妳，卻總要說是妳先愛上他。或者，他什麼都不說，期待妳先開口，由妳告白，來定位這段關係。

換言之，就是將屬於自己的內在想法、欲望或情緒，歸咎或強加到另一個人身上。

反向：他確實喜歡妳，卻表現出討厭妳，完全相反的行徑。妳一定看過，男生捉弄自己心儀的女生，把她弄到生氣，甚至哭泣的場景。也就是，一個人將自己無法接受的內在想法、感覺及衝動，轉變成了完全相反的外在態度及行為舉止。

表現出來的，是恨與厭惡，內心卻是愛與喜歡。

愛情裡的「施虐」與「受虐」成分，來自三種心理防衛機制

身為旁觀者的我們，身為已然成年的大人，你應該會覺得小學生的行為真是幼稚，甚至是可笑吧？然而，這也是許多成年人面對愛情的心理防衛機制及反向行為表現。

以上三種心理防衛機制，合併起來使用一點都不罕見。導致愛情時常讓人百思不得其解，甚至還讓不少人都認為愛情有著「施虐」與「受虐」的成分。

接著，很有趣、很常見，也令人無數次慨嘆，想要反問老天「愛情到底是什麼東西」的結果，就是當你愛到徹底心死，並且提出分手之後，曾經交往的他或她才幡然覺醒，想要將你挽回，想要確定你們之間的關係。

他才赫然發現「這就是愛情」。可惜的是，妳已經頭也不回地離去，決定收回你的愛情。

妳認為再等下去，再愛下去，自己就成了徹頭徹尾的聖母，或者是傻子。妳心疼自己，也無法原諒自己。

那些年無疾而終的愛情，那些愛情裡無言的結局，原來都是心理防衛機制讓你受了傷，然後選擇走上分離。

理想化與否認

性愛成癮帶來自我毀滅？

▼「理想化」是指一個人以為自己的婚外情布局完美，還有，他的性愛成癮問題沒人知悉。而「否認」，是拒絕承認自身有性愛成癮問題，藉此捍衛自尊。

看到「性愛成癮」四個字，有沒有讓你臉紅心跳，突然覺得害臊，全身都熱了起來，或者深深覺得不可思議呢？

在各種成癮行為當中，酒精成癮、食物成癮、網路成癮、購物成癮……是相對常見，更仔細來說，是比較能夠公開討論的議題。然而，關起房門的性愛成癮（sexual addiction）症，其實並不罕見，也並非只在外國電影出現。而是它往往與花心捆綁在一起，或者呈現出來的，就是反覆劈腿／出軌／外遇。

性愛讓人獲得控制感及減輕焦躁、憂慮等情緒

性愛成癮，意思是對於性愛極度渴望，受到性深深迷惑而難以自拔，而有衝動或強迫的性行為，無視於可能帶來對於家庭、人際關係、工作、事業、財務、法律等層面的各種影響，乃至於嚴重損害。

許多人對於性愛的理解，就是抒發欲望的管道。然而，性愛的功能遠遠不只如此。透過性愛，它可以讓男人感覺自己重新獲得控制感、權威感。換言之，感覺自己更像個男人。同時，它也讓人逃避面對生活中當前的日常瑣事及壓力事件，從而減輕焦躁、憂慮及不安的情緒。

性愛成癮患者付出的諸多代價

美國心理學家卡恩斯（Kearns）的研究指出，性愛成癮症就如同酒鬼無法停止喝酒，有性愛成癮的人，也無法停止這種自毀式的性行為。但為什麼性愛成癮症會帶來自我毀滅呢？

你一定記得，當年轟動一時，全球皆知的醜聞，主角正是美國前總統柯林頓。他位高權重，妻子更是希拉蕊，可以想見他的地位之高，名聲之響亮，誰不知道許多人及全球媒體都在盯梢。一般人都能聯想到他的言行舉措，動輒身敗名裂，然而柯林頓卻無法不在白宮內偷情。

那些想當然耳的「潔身自愛」、「愛惜羽毛」的箴言，那些你我皆知的「牽一髮動全身」、「動輒得咎」的道理，用在成癮症的患者身上，都彷彿沒用。

他們都知道，只是做不到；平時的理智、道德及同理心都拋諸九霄雲外，內心深處的欲望，下腹部的騷動拉著他的身體跑。

尤其，你可以繼續推想，若性愛成癮症的人已經結婚，那麼他們性愛成癮的問題，可能會導致他們出軌，也就是婚外情。不只會破壞婚姻、重創親密關係，連帶地也會影響到工作、事業及職涯發展，財務狀況也是。

他們需要的花費及開銷變多，用來約會、送禮及另築愛巢，這部分是他們心甘情願的，然而這是在東窗事發之前。

等到事跡敗露，偷情曝光，時常見到的後果，就是相互指控，官司纏身，傾家蕩產，還有身敗名裂，再也回不去往日的美好。

婚外情迴避內心空虛等生命議題

這與心理防衛機制的關聯是什麼呢？關於出軌當事者，婚外情的可能心理原因及發展脈絡，相當複雜，可進一步參考《為什麼關係融洽，另一伴仍出軌？》。

其中常見的心理，就是想要透過婚外情，來填補內心的空虛，得到新鮮與刺激；還有長年婚姻關係中，當伴侶越來越像朋友與家人，他內心深處仍渴望著被仰望、被當成偶像崇拜的心情，就成了他熱切想要追逐的激情。

換言之，**透過心理防衛機制**，就能直接阻擋掉內心空虛的課題，也**不用承認自己想要被崇拜、渴望被戀慕的心理**。

然而，當真正的心理需求被壓抑及無視時，能夠沒事嗎？不，被壓抑及無視的感受，會另外找個出口。

當他們無法透過其他正常的管道，因社會成就來獲得滿足，來實現自我價值感；生命感到空虛、停滯而百無聊賴時，婚外情是最好打發時間，也是輕易就能感到愉悅的方式。

為什麼呢？想要獲得社會成就，需要高度耕耘及努力，你必須付出大量的時間及心力，能夠耐心等待，可能需要許多人的通力合作，還有無可避免的，也就是成功之前的諸多壓力，那是一條相當了不起，卻不好走的路。

然而，發展婚外情乃至於性愛成癮，只要另「一個人」配合就可以。或者，再多幾個。如果他性愛成癮的對象有好幾位，同時出軌的對象有好幾人。

這也是最近很夯的反諷名詞「時間管理大師」。用來比喻大多數的人光是一段親密關係，一個婚姻與家庭就經營到分身乏術，需要尋求親密關係書籍和婚姻諮商，來幫助自己及伴侶度過婚姻危機；然而卻有人可以劈腿，同步發展多段親密關係，無論是婚外情，還是地下情，而且正宮還渾然不知，直到被踢爆。

尤其，有些人是利用上班時間去偷情，也就是假公濟私，因此「時間管理大師」是徹徹底底地反諷，絕非讚美之詞。

「理想化」及「否認」的交織

但為什麼明明知道有風險，卻無法遏制衝動，無視風險去滿足性愛交織的欲求？上班時間就在辦公室，再前往飯店或對方家中共赴雲雨？當然，有些人是心存僥倖，認為這件事除了天知、地知，只有你知、我知。也就是東窗事發的可能性為「零」，這裡也能看見心理防衛機制「理想化」及「否認」的運作。

所謂「理想化」就是指一個人有不切實際的期待，以為自己的婚外情布局完美，無懈可擊。還有，他的性愛成癮問題沒人知悉。當然還有「否認」，拒絕承認讓自己感到不舒服的明顯事實，例如性愛成癮等問題，藉此來捍衛自尊。

蟄伏在他們內心深處，更需要去看見的空洞；驅策他們性愛成癮，那些透過心理防衛機制而躲避掉的真正課題及感受，可能是人生意義的缺乏，可能是婚姻當中的寂寞，還有很多……唯有穿越心理防衛，才能夠看見自己卡關及深陷成癮行為的癥結點。

有沒有人從性愛成癮的桎梏中掙脫呢？有，我想到最好的例證，就是榮登過紐約時報，出版過多本暢銷書《物理之舞》、《靈魂之心》、《靈性伴侶關係》的蓋瑞・祖卡夫（Gary Zukav）。他在書中自我揭露，年輕時期的他就是長期受到性愛成癮之苦，還有易怒等問題，後來透過靈性修行，才逐漸自我療癒，甚至轉身成為知名靈性導師。

成功的人都是超越過去的自己。

感謝蓋瑞・祖卡夫讓我們看見，一個人能夠擺脫性愛成癮之苦，進而綻放出最好，也是最有力量的自己。

昇華與合理化

追逐掌聲與外在成就，錯了嗎？

▼當追逐外在世俗成就，那是合乎社會期待的「昇華」，但這份追逐，不該是為了「逃避」人生的空白。

說到心理防衛機制，許多人最常想到的，就是否認、壓抑、投射、反向、轉移等，比較容易讓人想到會有負面影響及後果的方式。然而，在種類繁多的心理防衛機制中，常被歌功頌德、廣被推崇及視為無害的，就是「昇華」。

昇華是指一個人使用合乎社會期待，會被鼓勵、讚許、推崇及高尚的方式來獲得內在情緒及需求的滿足，或者是衝動的抒發。

你一定急著發問，昇華有什麼不好？既合乎社會期待，更是行為光潔、偉大，甚至高尚，這會帶來什麼問題嗎？這背後還有什麼是我不明白的嗎？

別忘了，它既然是心理防衛機制的一種，那麼它到底是要來防衛什麼呢？

從人生勝利組墜落到地獄

談到昇華，香港大學認知心理學博士鍾灼輝在《做自己最好的醫生——一位心理學家的自癒實錄》一書的第七章，回顧他自己從小到大的成長經驗，尤其是他在二○○四年，三十歲慶生時，卻在紐西蘭發生嚴重墜機意外，所帶給他翻天覆地的生命啟發，從而導致心境上的重大轉變。

當時他追逐著人生夢想，體驗各種極限運動，活得暢快淋漓，也是所謂的人生勝利組。然而，就在他三十歲生日那一年，他前往紐西蘭，卻在駕駛滑翔機時，從五十層樓高的天空意外摔落。

雖然奇蹟生還，但他的四肢卻有著不同程度的複合性骨折和筋腱斷裂。

在他被醫生判定右腳踝必須截肢，今生再也不能夠走路，而深陷憂鬱、絕望……最黑暗的人生谷底時，為了重新站起來，為了好好地活下去，他必須克服身體上的劇烈疼痛，臉上不復意氣風發的神采，而是殘破的身軀、狼狽與不堪，還有內心看不見希望及復健盡頭的嚴重憂鬱、徬徨、無助……無邊無際的痛苦感。

以製造夢想來「逃避」人生的空白

不同於多數人所關心、聚焦的都是外在的身體傷口，他一次又一次地向內心深處走。

他反思生命軌跡及內在性格，才赫然發現「原來三十年來，自己一直跟空虛在賽跑，不停地製造夢想來『逃避』人生的空白。原來，夢想達成不如依然有夢」。

這一段自白有沒有深深觸動你的心呢？有沒有直指你其實是透過追逐夢想，透過看似正向、陽光和積極的心理防衛機制，去逃避心中的空白，一種隱隱騷動但無以名狀的空虛及不安。

我想，他所指的人生空白，並非鎮日無所事事，或者浪蕩人生，虛擲光陰。而是反思在墜機意外前的他，總是拚命追逐小我的成就，而非大我的圓滿及快樂。

換言之，他之前追逐著他人的豔羨眼神及掌聲，不斷地堆疊外在世俗成就，而這正是看似正向的心理防衛機制：昇華。一切都是合乎社會期待，備受推崇及讚許。然後，再**加上「合理化」，讓這些追逐小我成就的行動，看起來都是如此偉大，如此地冠冕堂皇**。

心靈殘障

鍾灼輝也在書中提到，困住自己的是心靈殘障。他最害怕的並不是死亡，而是終其一生傷殘，失去自由。

他也曾為此憤世嫉俗，直到他放棄內心的交戰與鬥爭。那是有一天，在一個毫不起眼的小公園裡，安坐在輪椅上的他體會到**大自然所要告訴他，最珍貴的生命訊息：接受當下，和諧共存**。

他逐漸找回看待萬事萬物，尤其是面對挫折及困頓的平常心，而非不斷想著要改變世界、改變自己，他也看到媽媽與哥哥對他展現了無條件的愛與關心。

其中有一段，是哥哥躲在病房床底下燒開水煮麵條，因為哥哥擔心他一直吃病房餐點，會食欲不振、胃口不好，不利於營養攝取及身體復原，所以就偷偷摸摸地蹲著、滿頭大汗地煮著麵，而當麵條煮好，終於能端給弟弟吃的興奮模樣，我讀到差點鼻酸。

從地獄返回人間的這段體驗，帶給鍾灼輝生命的領悟，還有人生的覺醒。他從小我的世界，也就是自我中心的視角抽離，拿掉成敗、是非及對錯的批判濾鏡，用謙遜的心看待這個世界，用恭敬的心理解生命，終於離開心的困境。

你可以想見，許多事業成功的善心人士。有些人持續地投入公益，為社會付出，深入世界各地貧脊及寸草不生的角落，去奉獻心力，縱使衛生環境欠佳。

這當然值得嘉許，也讓人升起欽佩之意。然而，有些人在真實的生活裡，是因為內心深處的寂寞，還有除了事業及公益之外，盡是空虛。

舉一個更容易理解的案例，婚姻不幸的妻子，將注意力焦點及全部精神都放在孩子身上，更竭盡所能地投入於教育。你可以想見，若是她們用力過度，「虎媽」就是她們的代名詞。但是在外人看來，卻是相當稱職，更是值得稱許的好母親。

問問自己：「不做，可不可以？」

先有「昇華」心理防衛，再加上「合理化」，就讓這些正向、積極、努力和用心的舉動，變得更難以發現及覺察。

因為可以**用合理化的方式安慰自己**，回到家就是累了，所以沒有體力與伴侶說話與談心；孩子的教育刻不容緩，不能將教育的責任都推給老師。我們不是怪獸家長，而且我身為母親，教好孩子是我的責任。

過猶不及的關鍵自問，就是這些正向、積極、努力和用心的行為「不做，可不可以？」

如同鍾灼輝博士的生命領悟：接受當下，和諧共存。如果你能夠接受當下，那麼任何事都不做，是可以的；因為你能夠與心中的空虛、忐忑、不安、焦躁等感受共存，而不是表面看起來很冷靜，行為看起來很正向、很積極，其實卻是急急忙忙地，透過心理防衛機制去阻擋它、填補它，甚至是試圖消滅它。

可以昇華，也可以不要昇華。看穿心理防衛機制底層的情緒，開始學習鬆綁，你可以開始笑看著它。

然後體悟到，原來自己什麼事都不做，就是接受當下：你能夠與自己和諧共存，無論是你喜歡或不喜歡的面向，不只是接納，而是悅納。

Chapter 3

勇於直面生命中的痛苦，放下心理防衛+成癮行為

被心理防衛機制駕馭的人，都是源自於生存焦慮，且力不從心的人

「他是刻意要傷害妳嗎？她是存心要讓你傷心與生氣嗎？他們是有意搞砸自己的人生，連帶也陪葬你的人生嗎？並『不是』。」

為什麼每個人都需要心理防衛機制呢？因為生命中，有太多無法承受之重。

儘管在外人眼中，他們遭遇到的事件可能只是舉重若輕，可能都是不難處理。**那些無法承受之重，大抵都與「痛苦」的感受有關。**

痛苦的感受，都是個人主觀的詮釋

然而，我們必須看見，還有深刻體認到，所謂痛苦的感受，都是個人主觀的詮釋。

換言之，雖然是相同的事件，類似的刺激，如出一轍的打擊，但是經由「每個人」各自的轉譯後，其感受到的情緒經驗內容，還有後續呈現出的情緒反應起伏程度，卻是大不相同。

例如，同樣都是光天化日之下偷了一顆肉包被逮到，他立刻升起來的情緒感受是羞愧、尷尬，因而無地自容，表現出來的行為，是巴不得找個地方躲起來。

然而，另外一個人的情緒經驗，卻是相對平淡，呈現出來的反應是覺得大家太大驚小怪了。不過是一顆包子，又不是殺人放火、搶劫越貨。餓肚子事大，丟臉事小。

看見了嗎？明明是相同的事件，每個人內在的想法、會經驗到的情緒感受，以及後續會表現出來的行為，竟然是截然不同。也因此，他的行為表現帶給身邊親友的感受，也會各不相同。

有些人會覺得他良心未泯，尚可原諒；有些人則覺得他不知悔改，罪大惡極。

越是感受強烈情緒痛苦的人，越可能更不自覺地使用心理防衛

也因此，越是感受到強烈情緒痛苦的人（儘管我們看起來，這些事件是自找的，這些感受也是剛好），越有可能不自覺地升起，也就是運用心理防衛機制去阻隔即將帶來不愉快，乃至於痛苦的情緒，以避免那些羞愧、困窘、尷尬、丟臉、難堪……的感受，不讓自己益發難過，無法承受。

無法承認、難以接受、容易讓人產生心理防衛機制，來逃避面對的事，可能是晴天霹靂一般的重大失落，例如摯愛過世，從此離開自己，天人永隔；可能是有違世俗常規及倫理道德，例如違法犯紀、愛上了不該愛的人、在親密關係當中出軌，擔心世人知曉之後，自己顏面盡失，從此遭人指指點點；可能是遭遇到事業上的失敗、人生中的逆境及挫折，例如成績表現不如己意、被裁員或者是被分手；也可能是生命階段轉變之際，例如中年危機、空巢期或退休之後無事可做，人生頓失目標，油然而生空虛、徬徨及無助等。

所有的人生困境，核心都是「恐懼」

大衛・霍金斯博士在《臣服之享──遇萬事皆靜好自在的心提升練習》一書，直接指出「求生存，是所有恐懼的根本原因」。正如同我所說的，心理防衛機制正是不成熟的生存策略。

所有的負面情緒感受，所有讓人感到難以跨越的人生困境，往更深一層的心理狀態走，核心都是「恐懼」。不只是羞愧、困窘、尷尬、丟臉、難堪……的感受讓人難以承受，而是這些感受讓人感到生存受到威脅，更讓人深深地恐懼；必須採用心理防衛機制，阻擋住這些不舒服、不愉快，甚至是痛苦難耐的情緒。

還有，如此一來也能暫時不去面對，不用思考與這些情緒感受「同捆包」的事，更無須深入探索及想方設法後續應該如何處理，才會有更好結果。

總之，**心理防衛機制開始運作，自己的感覺在當下就能夠好過一點，也就能夠繼續在關係裡「看似安穩」地待著，或在團體及組織裡「看似沒事」地存活著。**

你的期待，是否被社會價值觀凌駕？

大衛・霍金斯博士提到：「許多人終其一生都在壓抑及逃避自己的感覺。被壓抑的能量會一天天累積，再藉由身心症、生理失調、情緒問題以及人際互動的一些脫序行為發洩出來。」

很多人終其一生都與自己的內在感覺失聯，也就是與自己內心深處真正的感受、直覺及明晰的想法，失去了聯結。

他們對於自己的感覺無法明辨及指認，對於自己真正的期待及由衷的想法，則是被社會價值觀凌駕並被覆蓋。

有些人則是明明知道自己的感覺，但卻用了錯誤的方式，以強力壓抑、否認、抵消、投射、反向、分裂等心理防衛，遠離自己的情緒，同時也不讓人碰觸及靠近。

他們以為這樣就是最好的方式，能夠捍衛自己的尊嚴，能夠保護自己的界線，也能夠不影響日常生活及其他人。殊不知，**情緒能量無法被忽視**，也無法長年累積，卻不出事。

如同水庫的儲水量，一旦滿載就必須洩洪，必須有合適的管道，讓它表現出來，也就是抒發及流通。

心理防衛機制過度使用下的成癮行為

所以在臨床心理工作上，我時常看到心理防衛機制過度使用下的惡果，也就是一個人終於撐不住了，對於特定行為產生依賴，甚至上癮，或者徹底潰堤。

有些人後來發展出酗酒、毒癮、暴飲暴食、頻繁購物、過度消費、依賴社群、性愛、網路及娛樂成癮等行為問題。

也因為這些心理防衛機制及成癮行為，逐漸導致人際關係出現裂縫，後來演變成再難跨越的鴻溝；若非僵局，就是戰役。

有些是關係日漸冷漠疏離，有些則是衝突頻頻，甚至帶來家庭破碎的結局。或者職場表現逐漸下滑，事業成就從大受好評到差強人意；情緒容易失控，言語及行為失序，還有更多隨之而來，各式各樣的身心問題。

海面下的心理運作機制

他們不知道自己怎麼了，旁人更不明白他們究竟怎麼了。**心理防衛機制微妙之處，破壞力最強大的地方，就是所有人都不知道怎麼一回事。**絕大多數人能夠看到及理解的，往往都是海面上的冰山一角，而不是海平面下的心理運作機制。

所以你我最常接收及知覺到的經驗，就是怎麼這個人變得如此難以溝通。兩個人彷彿是在雞同鴨講，怎麼這個人說話總是言不及義，回答淨是顧左右而言他，閃爍其詞。

尤其最尋常，也帶給你最大痛苦的，就是你與他相處的時刻，總讓你如坐針氈，甚至是遍體鱗傷，因為他的話語都帶刺，他的反應如同銳利的刀鋒，狠狠地砍向你心裡。

然而，他是刻意要傷害你嗎？她是存心要讓你傷心與生氣嗎？他們是有意搞砸自己的人生，連帶也陪葬你的人生嗎？

先別急著說：「是。」因為我正想告訴你，並「不是」，而是那些運用心理防衛機制的人，其實正是被心理防衛機制駕馭的人，他們都是力有未逮，都是力不從心；都是源自於他們內心深處的生存焦慮，讓他們誤用了不成熟的生存策略，也就是心理防衛機制來保護自己。

使用心理防衛機制，是因為他們內心無能為力

大衛．霍金斯博士認為，**最好的方法就是「臣服」**。使用心理防衛機制的人，如果能夠學會臣服，當負面情緒能逐漸減輕，恢復內在的清明及理智，他們就能逐漸擺脫對於酒、藥物、食物、娛樂及性愛等成癮方式，也能讓他們陷入泥沼與受到破壞的人際關係、工作表現、生理及健康層面都獲得改善，漸入佳境。

換言之，臣服就是最好的答案，是最有效的解決辦法。那麼，可想而知，使用心理防衛機制來因應的人，正是處在臣服的另外一個極端，頑強對抗，竭力逃避。

看穿他們的生存焦慮，明白他們被心理防衛機制駕馭，還有成癮行為的起源，皆是因為他們內心深處的無能為力，你就能用更妥善的方式去面對他們，還會產生同理心。尤其，能理解你當前的處境，進而做到善待自己。

心理防衛機制總有登場時，「凡事不過分」就是適可而止，不致成癮

「不過是喝酒而已。酒精是違禁品嗎？政府什麼時候禁止了？哪個人不喝酒？妳說啊！更何況，我有酒後亂性，動手打妳嗎？或者是我有對孩子出氣嗎？」

位於希臘的世界文化遺產，曾是古代世界「精神文明中心」的阿波羅神殿，在入口處的梁柱上，刻著三句舉世聞名的箴言，分別是「認識你自己」（γνῶθι σεαυτόν）、「凡事不過分」（μηδεν αγαν）、「妄立誓則禍近」（ἐγγύα πάρα δ' ἄτη）。

其中最有名的，就是「認識你自己」。但為什麼認識你自己這麼難？需要反覆再三，強調再強調？因為多數人都是重點放錯，還有方法不對。

每個人都像工廠生產的罐頭，一模一樣?!

所謂重點放錯，就是**多數人所認識的自己，都是表層的厭惡及喜好，而不是去深入探索，認識自己的天性，還有找出自己的天賦與潛力**。

這也導致許多人疲於奔命，庸庸碌碌地活過一生。他們奮鬥的目標就是努力遵循社會及主流文化告訴他們的價值，使得絕大多數的人都在追求一模一樣的東西：名聲、利益、權力、感情。換言之，每個人都像工廠生產出來的罐頭，一模一樣。

這還不打緊，更可怕的是，因為追求相同目標，導致僧多粥少，名額有限。

換言之，就是在同一條賽道上，爭個你死我活，有你，就沒有我，有我，就沒有你。**每個人都是如同敵人的競爭關係，而不是追求共好的合作關係**，終其一生「生存焦慮」如影隨形。

其實，每個人都是在「自己」的跑道上，起點都不同。甚至，各自路上的風景、關卡及目標，也大不相同。

你認識自己與生俱來的天性嗎？

認識自己的重點，並不只是認識自己的喜好，例如喝咖啡要無糖，鹹酥雞要加九層塔、胡椒粉多一點這種表淺的東西，而是深入瞭解你的特質。更精確來說，就是認識你與生俱來的天性。

「認識你自己」的其中一個重要項目，也是認識一個人習慣使用的心理防衛機制，還有逐漸產生依賴而擺脫不了的成癮。

為什麼有些人傾向「壓抑」？為什麼有些人總是「投射」自己的負能量？為什麼有些人時常「理想化」對方，尤其是理想化愛情？

此外，為什麼男性傾向「酗酒」，用酒精來逃避問題，來麻醉自己？為什麼女性傾向「暴飲暴食」，事後感到懊悔不已，透過催吐來避免體重增加，或使用各種方式來讓體重減輕？

那麼神殿上的第二句箴言「凡事不過分」呢？則足以說明，心理防衛機制的使用方式及程度，要適可而止。

許多人會立即聯想，既然心理防衛機制這麼差勁，會帶來這麼多不好的影響，那應該是絕對不能夠使用，應當要如同周處除三害，除之而後快囉？

當然不是。而是每個人要看見自己正在使用，學著適度使用，然後適可而止。進而，**在緊急狀況趨緩後，開始學習使用更有效，卻又沒有副作用，也就是無害的方式來幫助自己緩解痛苦情緒**。

同時，看穿他人正在透過心理防衛機制，用來抵禦你的靠近，用來逃避你與他之間的關係，還有影響你們人生的連帶問題。

因為，一個人會升起心理防衛機制，都是因為有痛苦的情緒在「前」，有難以承受及不願面對的處境，讓他們感受到緊急、焦慮、擔憂和恐懼，因此他們為了緩解負面情緒，幫助自己能度過難關，避免內心徹底崩塌，就豎立起內心的高牆，避開外在世界波濤洶湧的海浪。

心理防衛機制過度使用，可能發展出依賴及成癮

然而，如果心理防衛機制過度使用，也就是「凡事不過分」的反面呢？就可能逐步發展出依賴及成癮。

當一個人封閉了自己，逃避面對問題，勢必會帶來人際關係上的緊張或疏離。

「為什麼你不去面對問題？被裁員固然是因為COVID-19，整個大環境不好，可是你賴在家裡已經快兩年了，一直失業，也不是辦法，換個產業做做看也行。」

「不過就是中年失業，放眼望去，你又不是特例。一直喝酒，總是喝到爛醉，難道就會帶來新工作機會？你這樣逃避，根本無濟於事！」

他聽不下去，關起耳朵，躲在房裡，繼續沉迷於線上遊戲。他一瓶接一瓶，有錢喝洋酒，沒錢喝米酒，反正都是酒，都可以帶來迷茫的感覺，讓他可以暫時不去思考及處理懸而未決，棘手又頭痛的失業問題。

用「合理化」強詞奪理回應與反擊

我們都明白，線上遊戲有其有趣、刺激、新奇與迷人之處，品酒也可以是一種文化，不全然都是壞事。然而，當一個人透過線上遊戲及酒精來作為心理防衛機制的外顯行為，也就是「逃避」現實生活中的各種難題，與此同時，還會啟動同樣都是心理防衛機制當中的「合理化」，來作為因應家人關心、叮嚀（但也可能如同碎念）的說詞。

你一定能聯想到，或者覺得很熟悉，以下就是他們會有的回應：

「我只是用來紓解壓力。玩線上遊戲有犯法嗎？而且我也是待在家中，都是妳看得到的地方，可沒有去外面為非作歹，或者是花天酒地。妳為什麼要這麼挑剔！」

「不過是喝酒而已。酒精是違禁品嗎？政府什麼時候禁止了？哪個人不喝酒？妳說啊！更何況，我有酒後亂性，動手打妳嗎？或者是我有對孩子出氣嗎？」

他們說得義正詞嚴，卻是強詞奪理，也讓待在他身邊的妳，先是傷心，接著痛心，最後則是灰心與寒心。

妳無法反駁，因為妳隱約也同意。或者，妳曾經反駁，想要坐下來跟他好好地溝通及討論，沒想到卻被潑了一盆冷水，或者是掀起無數次的爭執。

所以「凡事不過分」在心理防衛機制的發展歷程中，最關鍵的要務，就是能夠「轉移」。

既然已經使用特定的逃避行為，例如飲酒（酗酒）、暴飲暴食、購物、藥物、網路及線上遊戲等，就要有所警覺，不要持續並反覆使用相同的行為，變成了習慣，還有壓力一來的立即性反應，久而久之就會固著，更進而導致後續的「要戒戒不掉，要改改不了」的重度成癮問題。「轉移」是指，能夠先將問題的焦點轉向，還有鬆動、調整及使用其他緩解情緒的方式。

心理防衛機制登場，只要適可而止，不要過分使用，就不會招致往後的問題行為成癮。

逃避不可恥，但真的沒用，因為終究不能逃離一輩子

父親因酗酒爛醉在家，不慎踩空，將自己摔到腦出血。他一見到性命垂危的父親，心中想到的是父親怎麼不直接死去。

早在日劇《月薪嬌妻》大熱門時，我就對於那句標語「逃避雖可恥，但有用」相當嗤之以鼻。難得說這麼重的話，是因為見過太多人就是因為逃避成癮，讓自己的人生，也包含身邊所有人，尤其是最親近的家人，牽連至少三代，共同陷入惡性循環的悲劇。

逃避有用，說穿了就是抱團取暖，還蔚為一股風尚。殊不知，只是讓逃避更逃避，問題的嚴重度更是日益加劇。

從此離不開酒精……

那一日，我到大安森林公園跑步，看到一個再熟悉不過的景象：兩瓶見底的米酒頭、吃剩的泡麵，還有紙杯，希冀路過的人能夠投下紙鈔或硬幣。再往地面一瞧，正睡著一名醉漢。

我的很多個案都是這樣描述著他們長年酗酒，甚至因此家暴，進而家庭破碎，妻離子散的父親。

曾經有位個案，他的父親也是酗酒成癮，所以也就有可想而知的無數次家暴。在外頭不斷鬧事，鬧到警察局，連鄰居也報警，讓家人不得安寧。

個案最為心疼的是他的母親。母親一直以為先生會改，相信先生只是因為一時失志，在大公司當輪班的技師，可能因為景氣不好，無預警被裁員，所以鬱鬱寡歡，借酒澆愁，暫時逃避失業及接下來重新謀職的問題。

誰知道，他的父親一喝下去，就再也離不開酒精。曾經笑容和煦的先生，曾經顧家、愛家的父親如同變了一個人。

酒醒時，痛哭、下跪、道歉及認錯，頻頻發誓一定會戒酒，再也不喝酒。然而不出兩天，他的父親就在外頭喝到爛醉，回到家後就是摔東西、砸電視，接著對妻子拳打腳踢，甚至拿刀威脅，說要全家同歸於盡。

到了最後，個案的母親再也忍耐不下去，也許是心灰意冷，還有清醒了。所以她帶著年幼的兒女離家，而且是搬到外縣市，以免輕易又被找上門，從此分住兩地，至於他的父親就是獨居。

父親怎麼不直接死去?!

最後是這三年，個案身為長兄及長子，接到警察來電通知，原來是父親的鄰居報警，說父親因酗酒爛醉在家，不慎踩空，將自己摔到腦出血。目前情況危急，需要緊急開刀，需要有家屬簽字。

個案說他當時一見到性命垂危的父親，心中想到的第一個念頭是他的父親怎麼不直接死去。總是帶給家人一屁股的爛攤子，找上門的，都沒好事。

但隨即，他也責怪自己，怎麼會如此缺乏孝心？內心如此冷血無情？因為他的父親，曾經也是好父親，只是那段記憶太過久遠，留下來的，多半是家暴的殘酷與陰影。

這些描述，我聽過無數次，讓我心疼，也為他們哀戚。

逃避需要擬訂時間表，不是一輩子

「逃避雖然可恥，但有用」就如同「偷竊雖然違法，但不餓」。或許，也能類比「出軌雖然傷人，但愛情」。

其實只要你逆向思考，反覆咀嚼這些帶動風潮的戲劇及文字，就會發現但凡有前提、有但書的，都是警語。只是說出這段話的人，沒有明說或完整說明，還有看的人則是選擇性地接受及詮釋。

在心理防衛機制中，共同核心及屬性就是逃避（avoidance）。

逃避就是鴕鳥心態，它讓人可以暫時遠離讓自己感到焦慮的人物、事件或情境，能夠感受到壓力緩解，可以喘口氣。然而，逃避需要擬訂時間表，不是一輩子。

為什麼呢？為什麼不要長期逃避？因為連你身邊的家人及朋友，同學及同事……那些原本相信你、支持你的人，能夠幫助你，甚至能給你逆轉勝資源的人，都會因為看著你長期逃避，判定這人分明就是扶不起的阿斗，所以跟著放棄你。讓往後的你想要東山再起，更加不容易。

為逃避擬訂時間表，你可以這麼做。

1允許自己逃避，但只有一下子，或者一陣子：

允許自己逃避，意思是你看見了自己的難題，明白自己正處於壓力巨大的時期，這時候換作任何一個人，都是痛苦焦慮又恐懼，巴不得能立即死去，或者逃到天涯海角去。

所以，**你需要關照自己的情緒，你需要創造出一段時間，一個空間，讓自己能夠消化、處理及轉化節節高升的痛苦及張力。**

當困住你的焦慮及恐懼能逐漸趨緩，接著理性就能浮上水面，尋找真正能夠有效處理問題的方式。

2打造正向情境，幫助自己更有前進的動力：

你知道為什麼良好的環境對於任何一個人，對於習慣的建立都非常重要嗎？因為自律

（只靠自己）並不容易，絕大多數的人都是他律（協作的環境）。

許多長期逃避的人，都忽略了一件事。那就是他們以為只能靠自己，而自己一個人偏偏孤軍奮戰，欲振乏力，所以乾脆就放棄。

因此為自己打造提升動力、互相打氣及鼓勵的環境，再重要不過了。因為你會不自覺地見賢思齊，見不賢內自省。

還有，身處台灣幸，也不幸，讓人逃避——成癮的酒精飲料可說是唾手可得。只要你走進便利商店，隨時都能結帳，隨時都能開瓶。確實，有人可以品酒品到附庸風雅，成為品酒大師；然而更常見的憾事，則是被酒精控制。

先是透過酒精，讓自己喝醉，進而不用面對讓自己感到焦慮的問題，然而，長期下來就是酗酒、依賴及成癮。

失去最多的人，其實是你自己

逃避不可以嗎？可以。但你可以縮短逃避的時間。**只要「看清楚」自己正在逃避的樣**

子，還有能認知到逃避是如何影響自己及家人的一生，包括你的所有人際關係，以及對於職業生涯的影響及發展，你就不會逃避一輩子。

因為最賠本，也失去最多的人，其實是自己。

所以，我們可以將「逃避雖可恥，但有用」修改為「長期逃避，就是一生可恥，害人誤己；短期逃避，確實有用，但要適可而止」。

願你我在人生的大道上，不被逃避駕馭一輩子。接著，就可以持續前進。

直球對決，不是處理心理防衛的好方式：反對是在替被反對者加持

在《北國性騷擾》電影中，他透過反向方式的引導，化解女主角的兒子（目前正處於少年時期）對於母親有著仇恨心結的那一段，非常動人。

當你身邊的人運用心理防衛機制，無論是透過壓抑、否認、合理化、投射、認同、轉移、退化……拒絕跟你溝通，不願讓你靠近；甚至，當他開始依賴、進而逐漸行為成癮時，讓你更渴望幫助他看見真相，希望他戒除危害身心健康的酒癮、藥癮、社交媒體成癮……他彷彿是刻意跟你作對一般，心理防衛益發堅實。

你說的話，他聽不進去。兩個人的對話不是兜了大半圈，就是不斷產生爭執，而成癮行為

更是不曾銷聲匿跡。

你的憂心與他的心理防衛及成癮行為，形成了強烈對比。

這時候的你，是不是百感交集？心裡無數次翻騰，交織著憤怒、灰心、失望，乃至於絕望的情緒呢？

你的反對，越容易激起他跟你作對

請你務必記住以下這段話，這段讓我刻骨銘心的話，是出自英國作家隆納爾德・弗列塞（Ronald Fraser）《玻璃下的鳥》：「反對是在替被反對者加持。」意思是，當你越是直接反對他，當你越是企圖阻止他的心理防衛，當你越想消滅他的成癮行為；你就是在替他的心理防衛機制火上添油，反而讓他的成癮行為益發牢固，他越是逃避到成癮行為裡。

換言之，你的反對就越容易激起他跟你作對，也就是對抗心理。

不禁讓我反思起我的生命經驗，還有對照起十幾年的臨床心理工作觀察，正是如此。

無獨有偶，前陣子看了南非出生的美國影星莎莉・賽隆（Charlize Theron）主演的電影

《North Country》（中譯：北國性騷擾）。這部片主要是描寫女性在職場上遭遇不公平的對待。當時仍是沙文主義的環境，不只是女性就業機會少，職場的世界由男性主導，女性三不五時就會面臨男性的性暗示、騷擾，甚至是性侵犯。

女主角孤身一人，從壓抑、順從、忍耐，直到她忍無可忍，主動站出來為女性爭取權益，顯示出人格當中勇敢、不放棄和堅毅的一面，還有完整轉變的歷程。

這部片的好看就不多說了，看到讓人想要掄起拳頭，已經算是客氣了。因為你會為女主角的遭遇感到心疼，也為那個時代的女性抱屈及不平，更看見女權得來不易，性別平等是不容忽視的社會議題。

還記得有位乍看不重要的配角，讓當時的我在心中讚嘆，他的做法根本就是深諳心理防衛機制及善於攻破的大師。

不說教與批評，用反話來同理少年

年長的他，沒有直接指出忿忿不平、對母親滿心怨懟的兒子有失客觀，更沒有直接說教與批評；而是運用反話來同理少年，甚至還加重力道，輕微地扭曲事實。

讓年輕氣盛的少年，去看到自己內心深處的偏執，去看見自己用來批評母親的證據，其實遠遠悖離事實；去看到多年以來，母親對於自己的陪伴及付出，即使是單親家庭，母親再忙，也會出席他最重視的曲棍球比賽，為他打氣；不因為母代父職，沒有因為經濟壓力及工作而顧此失彼，總是「缺席」他最重視的賽事，還有日常生活，舉凡吃飽、穿暖……的照顧備至。

還有年長的他，態度相當溫和，不是用長輩的口吻，也不帶指責的態度，尤其，沒有直接給建議：你應該原諒你母親、你怎麼這麼不懂事、你怎麼這麼忘恩負義、你怎麼這麼不成熟，只顧你自己……這些每個人都想得到，甚至還不時脫口而出的大道理，以及說教的方式。

爭論「誰對誰錯」，根本是假議題

卻忘了這些態度及大道理，從來只會更加激起對方的心理防衛機制，或者是讓心理防衛機制益發鞏固，而不是讓心理防衛能趨向軟化，進而讓當事者能夠貼近自己的感受，看見隱隱作痛的傷口，而非立即升起心理防衛來保護自己；能夠分辨客觀事實，還有認出內心深處真正的期盼，而不是糾結纏繞在心理防衛機制裡，注意力與焦點停留在事件表層，尤其是急著爭論是非對錯，評斷是你錯他對，或者你對他錯的假議題；卻沒有穿透心理防衛機制，朝著更深層的內心走進去，進而爬梳出真正能夠幫助自己，甚至是雙贏的方式。

所以你會發現：好的提問勝過直接給建議。這也是心理治療當中，很常見，也很實用的處理方式。

好的提問，勝過直接給出建議

相信聰明的你會發問，既然好的提問如此管用，那麼我們也能在日常生活中運用，尤其是在關係裡，是吧？沒錯。

如果我們能夠謹記「好的提問，勝過直接給出建議」，那麼你不僅可以用來幫助別人，也能用來幫助自己。

然而難就難在，多數人無法克服自己心中的焦慮，也難以耐住性子循循善誘；而是想要趕緊解決問題，越快越好，所以當下的直覺反應就是給建議，而不是提出問句，尤其還是好的問句。

為什麼呢？你可以想見，提問就會帶來一問一答，會有往返；還有，你必須給對方沉澱情緒，吸收及消化問句，進而回應的時間。

換言之，你需要「等待」。同時，我們也要想到，**隱藏在關係中的權力位置，時常讓人直覺性地給出建議，不加思索及輕率地給出評斷**。

意思是，父母對待子女，往往都是權威。父母要能夠徵詢子女的意見，讓子女自己下判斷及自己做決定的前提，是父母尊重子女，把子女放在「平等相待」的位置，這在華人社會裡，是尤其不容易的事。完全違反直覺，需要放下身段，需要刻意練習。但不只是親子，連親密關係也是。

我們都該明白，反對是在替被反對者加持。直球對決，不是處理心理防衛的好方式。
不帶責備，沒有批評，才能軟化心理防衛機制。

關於成癮：我們都該重新認識生理機制和危險因子

二〇二一年五月份的《康健雜誌——情緒就醫指南》指出「男性一週喝掉十四罐三百五十CC的啤酒，或者女性一週喝掉七罐啤酒，就是危險性的飲酒」。

相信你一定會說，既然成癮行為來自於心理防衛機制，那麼只要改變思維，從心理機制的環節做起，看見他內在真正阻抗的情緒，給他信心及安心的環境，成癮行為就能相對應的擺脫，不是嗎？

然而，不光如此。**成癮行為涉及了生理結構的改變。簡言之，就是所謂的「身不由己」。**

成癮讓人失去原有的控制能力

成癮到底是什麼呢？人類大腦的中腦邊緣系統（limbic system）又可稱為「酬賞中樞」（reward center），它正是影響成癮機制發展的核心。換言之，當一個人使用了會導致成癮的物質，例如酒精、管制性藥品、菸草、毒品等，**大腦中的酬賞中樞就會釋放快感，並且形成記憶迴路，把「使用物質─釋放快感」的連結及經驗儲存起來**。

而成癮物質頻繁地使用之下，酬賞中樞就會產生變化，也就是「病變」，亦即改變大腦結構。大腦內部的變化，我們的肉眼都看不到。然而，這卻是成癮的生理層面。

一旦酬賞中樞發生了病變，就會使大腦「前額葉」功能當中的衝動控制系統出現問題。換言之，就是**讓人失去了原有的控制能力**。

接著，對於其他事情，他開始失去興趣，不像以前能勾起他的興致；然後，一心只想著要不斷接觸成癮物質，滿腔的渴望，擋也擋不住。

內在持續呼喚的渴求，難以克制；接下來，他的注意力焦點及生活重心，就是把「癮」的滿足作為第一，也是最優先的考量。

至於其他的一切，家人、朋友及工作，都不再重要。

即使幼兒嗷嗷待哺，需要他當下照顧，但是他被酒癮控制了，還是先喝再說吧；即使該出門上班了，需要換裝出發了，但是現在不喝酒就受不了，今天就別上班吧；即使伴侶好言相勸，他也聽不進去，反而怒目相向，甚至動手打人；因為不喝酒就顫抖、焦躁、坐立難安、噁心及冒汗……甚至連幻覺及癲癇發作……的難受戒斷症狀都出現了，後者更是讓人受不了。

他不再是妳以前認識的他。如同實驗室裡的小白鼠，反覆拉著桿子，渴望水與食物。

研究指出，成癮中樞約莫是在十二到十三歲開始發展，但**控制中樞卻要到二十至二十五歲才會發展成熟**。然而，在此也請留意「個體差異」，也就是每個人的發展速度快慢、成熟時間早晚都不盡相同。所有的當前研究，就是作為參考的數據，不能一概而論。

如同我們時常見到，有很多「晚熟」的成人。最明顯的例證，就是酒駕肇事的一堆案例，那些人多半都是成人，甚至是中年人。

所以，接觸酒精的安全年齡，能夠沒有生理病變，乃至於成癮的安全範圍，都需要格外謹慎，留意小心。

酒精成癮的判斷標準

許多人會喝酒。對於有些人來說，品酒是一種高端享受，更是一種懂得生活、深具個人品味及風格的符號象徵。酒精一定不好嗎？名流不都有喝酒嗎？怎樣才算是酒精成癮呢？

二〇二一年五月份的《康健雜誌——情緒就醫指南》指出「男性一週喝掉十四罐三百五十ＣＣ的啤酒，或者女性一週喝掉七罐啤酒，就是危險性的飲酒」。換句話說，如果你每天要喝一到兩罐，而且還是天天喝，那就危險了。

此外，它也指出二〇二〇年主要診斷是酒精濫用的人數，男性占八成（83.11%），女性占了近兩成（16.89%）。

其實，只要母數足夠大，受苦的人都很多。不分男女，都是需要被幫助的人。

判斷酒精成癮的準則，也包含需要顯著增加飲酒的量，才能夠滿足與解癮；喝酒喝到人際關係及工作受到影響，還出現了社交方面的障礙等。

也就是說，當飲酒過量，不能隨意停止，對於生活的不同層面，也造成負面影響時，就是酒精成癮的訊號了。

造成酒癮的危險因子，處處皆是

造成酒癮的危險因子，還包含整體社會及環境層面的因素，必須再思、深思及反思。在台灣，國人對於酒精的接受度很高，不只是取得容易，任何時刻都能走進便利超商，買個幾罐或幾瓶回去，不像其他國家有購買時間的管制，例如泰國；甚至是不能在公開場合喝酒，例如波蘭。

同時，酒精的價格非常親民，從幾十塊、幾百塊到幾千塊都有，端看你的口袋深度，今天想要喝的是哪一種等級。

另外，就是個人所培養出來的喝酒習慣。結束單身時，喝！慶祝從此有人陪伴在身邊。失戀被甩，也喝！滿腔的痛苦用酒精來安慰，直到喝醉，才能忘掉他（或她）的臉，不再流淚。

無論是歡天喜地要慶祝，還是痛不欲生想麻木，永遠都可以是來一杯、喝下去的理由；也是現在不喝，何時才喝到（爛）醉的藉口。

很可笑，很幽默；但也很心酸，還有很悲痛，不知不覺就被酒精控制了自己的生活，還有交互影響及決定了你的喜怒哀樂。

因為失眠及憂鬱，開始喝酒……

除了開心慶祝、痛苦麻木而接觸酒精，還有沒有其他的喝酒因素呢？有，那就是身心症狀帶來的喝酒驅力。

到底是喝酒造成失眠及憂鬱？還是憂鬱及失眠在先，而讓你開始喝酒？因為你聽朋友、看網路都說，喝酒可以助眠，可以幫助好睡（這就是「請鬼拿藥單」）。所以你開始透過酒精，幫助憂鬱情緒及失眠困擾的緩解。

喝著喝著，喝酒成了戒不掉的習慣，但是你也發現，失眠及憂鬱不曾消失，三不五時現身，夜半人靜時，持續盤旋，仍舊掉淚。

到底是雞生蛋，還是蛋生雞？真是分不清，理還亂。唯有捫心自問，時間軸拉長，才能夠深入檢視，一一比對。

酒癮者多半不願就醫

無論你是深陷酒癮的人，還是酒癮者的家人，相信讓你束手無策、百感交集的一點，就是酒癮者多半都不願就醫，往往是因為事情更大條了，如出現家暴、酒駕傷人或家庭破碎，才可能出現在醫院或警察局裡。

一部分的原因，是因為他**缺乏病識感**，也過度高估自己戒酒的意志力，加上不明白酒精成癮機制的心理及生理原理，包含防衛機制、酬賞中樞、依賴及戒斷症狀等，還有輕忽酒癮對於自己、家庭及社會的影響及嚴重性。

重新認識成癮的生理機制和危險因子，才能減少事倍功半的挫敗感及無力感。不再責難對方，尤其是要放下過度自責，才能將心力用來尋找更合適的方法。

若無法戒斷成癮行為，並不全然是意志力不夠堅定：解除成癮行為與渴望的掛鉤

只要喝醉，就能解除煩悶憂愁。

然而隔天回到家，又要面對妻子的責難，還有滿滿的失望。

「你就是意志不夠堅定，才會無法戒酒！不過就是少喝一點，有這麼困難嗎？」他聽著妳的數落，看似面無表情、若無其事，彷彿把妳的話當成耳邊風，甚至還讓妳覺得，他的骨子裡根本就是在跟妳作對。

意志力不堅，才無法戒酒?!

但其實，他的內心卻是五味雜陳，益發喪氣。他哪裡不想戒酒呢？他也試過戒酒，但就是屢屢失敗，失敗的次數多到數不完。

缺乏意志力？是啊，他就是意志力薄弱。從小到大，能夠堅持下來，達成目標的事也不多。回想年少時光，同學邀他去玩柏青哥，他功課沒做完就衝了，回到家被媽媽責罵了一頓；考上大學了，參加好幾個社團，但是不到一個學期，就陸續放棄了。

意志力不堅就是他的自我認知，旁人是這麼看待他，他也是這麼看待自己的。

何以解憂？唯有杜康！

後來出了社會，慢慢地染上酗酒。一開始只是喝個幾杯，慢慢地養成了開心也喝，不開心也喝，而且還喝更多的習慣……後來認識心儀的女生，交往不久就結婚，有了家庭；角色變多，責任更重，壓力也更大了。自然而然，他跟酒精結下的緣分也就更深了。

怎麼會呢？小倆口的相處難免會有摩擦，不管是用錢習慣，還是生活習慣：牙膏怎麼擠？廁所使用完，馬桶蓋到底要不要掀起來？房租、水電費、日常用品等家用比例，各自要出多少？還有，即使沒有跟父母同住，偶爾雙方父母打電話過來的關切及意見，都在有形無形之中，帶給他壓力感。

壓力越大，他就越想要遁逃，他越想來到一個不會有人嘮叨他、碎念他，或者要求他、期待他的地方。

那個地方，就是喝酒。何以解憂？唯有杜康！古人都這麼說了。只要喝醉，就能解除煩悶憂愁。然而隔天回到家，又要面對妻子的責難，還有滿滿的失望。

如此反覆下來，卻形成了常態。

以上的故事，你是不是覺得很熟悉呢？而說到戒酒，是不是很難呢？有人會說不過就是「意志力」而已，不是嗎？所以不是只要強化你的意志力，更努力就可以了嗎？

然而，這正是許多酗酒的人，發展出各種成癮行為的人，如此難以擺脫，如此感到挫敗，如此讓家人失望的原因。

為什麼呢？因為**意志力並不如你所以為的那樣**：只要加強意志力，就能戰勝所有的難題；只要意志力堅定，沒有跨越不了的難關。

過度依賴意志力，卻更加挫敗，甚至自責

從小到大，我們多數人都是這麼被教導的，也是如此深信不疑：你沒有辦法改變行為，就是因為沒有足夠的意志力。所以你更加自責及灰心，然後反覆自問：為什麼我這麼沒用？為什麼我這麼欠缺意志力？

其實，**意志力是兩面刃**。如同許多事一樣，都存在兩種互相對立的情況，不只有好的一面，也存在可能帶來危害的一面。你意外嗎？

剛剛好的意志力，確實可以支持你跨越難關，克服眼前的障礙及問題。然而，**過度託付及要求意志力，必須看見意志力的背後，其實是欲望，也就是驅動力**。

驅動力是一股強大的力量，然而它會帶領你前往哪一個方向，那可就不一定了。意思是，如果是順利前往「理想中」、「預設目標」的戒除成癮方向，那很好；然而，如果過程中不如預期，出現意外，例如原本斬釘截鐵地立下誓言，一個月都不要喝酒，卻在下班後的

朋友聚會熱鬧氣氛中喝上了一小杯，接著反而喝上更大量的酒。

換言之，就是「不小心破功了」。既然前功盡棄，那就乾脆開懷暢飲吧！

然而，這可就不妙了。因為隔天清醒過來，又會陷入自責的循環，不只是再次讓家人失望，也更加深對於自己的負面認知及自我形象。

意志力是一種欲望與執著

你看見了嗎？對於意志力的追求，會帶來更大的壓力。因為**意志力的背後，其實是渴望達成目標的欲望，是一份很深的執著：非黑即白！若非失敗，就是成功。**

「我不是不想改變自己，我也想要改變深陷酒癮的自己。可是不知怎麼地，我就是戒不掉，改不了。所有聚會我都不去了，所有可能碰到酒的場合，我也都迴避。可是過一段時間，我卻受不了了。這段時間累積下來的煩悶、焦躁及失敗感就爆發了，然後一發作，我就控制不了自己。第一時間就是去買酒來喝，接著，又是喝到爛醉如泥。醒來之後，更是厭棄我自己，我根本就是個無藥可救的廢物。」

極度地想要戒癮，無論是發下豪語，還是立下毒誓，反而戒除不掉，然後更加挫敗，連自己都無法再相信自己。

要戒掉成癮行為，要先看見當事人想逃避什麼

我們真正要先看見，必須首要處理的，不是成癮行為本身。而是當事者透過成癮行為，想要逃避（或者渴望得到）的到底是什麼。

例如，酗酒是為了逃避「失業的困窘」，是為了緩解「失眠的痛苦」；吸毒是為了獲得飄飄欲仙的「快感」，甚至有些人，是想要從中得到「創作的靈感」。

以上，才是成癮行為的當事者，內心深處真正的欲求，無論是逃避痛苦，還是想要獲得愉悅或靈感。而非我們從表面上所看到的，讓人深惡痛絕，想要除之而後快的酒精、物質及毒品。

看清楚你的情緒作用，才能看穿它與降低痛苦、獲得快樂的內心渴望牢牢掛鉤。

看見這些情緒之後，學習放下，也可以說是放鬆。

但沒有人能直接放下，也沒有人聽到放鬆兩字，就能夠立即學會放鬆，所以，不是要你直接放下，而是透過居中的變項，逐步抵達放下的目標、放鬆的狀態。

居中的變項，就是轉移注意力焦點，將目標行為轉向。

不要直接對戰成癮行為，不要將它設為首要目標，不要將所有意志力投入其中；而是先轉移到相對容易達成的目標，能夠帶來成就感及正向情緒的事，才能減少挫敗感，累積自信心，然後逐步與成癮行為脫鉤。

放下你的意志力，目標行為先轉向。每個人都能跨越成癮，不再受到牽制。

成功背後的巨大孤寂與空虛，讓人物質成癮，踏上不歸路

他們的腦海裡時常飄過「為什麼我辦不到？」「為什麼我已經這麼努力，卻仍感到匱乏？」等自我憎恨所引發的後續身心症狀。

二〇二〇年，除了COVID-19新冠肺炎疫情影響全球，年底還有一則舉世譁然的新聞，就是台裔美籍全球網路鞋王，也就是Zappos創辦人，相當知名的連續創業家謝家華驟逝，死於火災的消息。

《每日郵報》引述謝家華同事的說法，揭露了外在形象等同於「成功」，帶給許多人「幸福」的謝家華所不為人知，尤其是隱晦黑暗的那一面。甚至，懷疑謝家華本身可能就是這場火災的起源。

退休，卻是毒品成癮的開始

在謝家華離世之後，許多關於他的祕辛陸續被披露。尤其，許多親近謝家華的人指出，謝家華後來有吸食笑氣（一氧化二氮）、酗酒及毒品成癮的問題。

進一步，親近的友人指出轉變的時間點，就是在謝家華辭去Zappos執行長，宣布退休之後。

對於許多人來說，退休就是休閒、自由、不受拘束的開始。相信閱讀這本書的你，應該也是。但沒想到，謝家華的物質使用情形卻是由此開始，甚至還益發嚴重，到了依賴及成癮的地步。

對於絕大多數人的理解及想像而言，掙得了鉅額的財富，擁有財務獨立及自由，可以F.I.R.E（Financially Independence, Retired Early）的人生已經是無可挑剔，快樂到不行，哪裡還有什麼人生課題，還有什麼好過不去，不是嗎？

如果你也是這麼想，那麼可能就大錯特錯了。

成功者的自我憎恨?!

成功的創業家，卻也是物質成癮者的謝家華，他的生命故事其實足以帶給我們許多警惕與省思。

我想起醫學博士麥基卓與黃煥祥的《新生命花園》，他們在這本書的開篇〈成敗之間──自我憎恨與自我疼惜〉提到：力圖達到理想的自我形象卻未能如願的過程中，人們脫離了他們真實的本質，困在自我憎恨的循環裡，為自己帶來種種且往往是悲慘的後果……這些成功者的內心裡，常因為寂寞，對內在本質的渴望和無孔不入的自我憎恨，而飽受煎熬。

確實，謝家華的成就舉世皆知，有目共睹。你可以想像得到他的身上就貼著一張標籤，上面寫著「成功」。

然而，他的內心世界呢?為什麼「成功」者會走上物質成癮的不歸路，甚至還賠掉了性命呢?

寂寞與空虛：成功背後的莫大孤寂

心理防衛機制當中，無論是壓抑情緒，還是否認問題，都是「逃離」。可想而知，寂寞是不好受的，空虛是難耐的，所以很多人都渴望著愛情，嚮往著婚姻，期待能夠有另外一個人來陪伴自己。甚至，有些人所需要及渴望的陪伴，還不只一個人而已，因此會透過出軌及外遇。

有些人透過出軌及外遇來填補內心的空虛，尋求外面的人來理解自己，來仰望自己。然而也有另外一群人，他們透過物質使用（乃至於成癮）來暫時脫離現實世界的百無聊賴，來讓自己沉浸在虛幻迷離的愉悅、興奮及快感。

所謂的人生勝利組，所謂的成功人士，都跟你我一樣，其實有著相同的期盼：想要成為「理想」中的自己，渴望自己的人生充滿意義、熱情與動力，希望不再孤寂，有人深愛著自己，尤其是無條件地愛著自己。

「理想我」與「真實我」的拉扯

力圖達到「理想我」，然而卻與「真實我」有著明顯差距時，就很有可能陷入自我憎恨的循環裡。

聰明的他們，腦海裡時常飄過「為什麼我辦不到？」「為什麼我已經這麼努力，內心深處卻隱隱約約感到匱乏，甚至有所缺失？」等自我憎恨所引發的後續身心症狀。

除了常見的憂鬱、焦慮、失眠、如影隨形的莫大壓力之外，就是招致自毀的各式各樣成癮行為。

為了阻隔這些身心症狀及不愉快的情緒，最便捷的方式就是麻痺自己。透過酒精、物質濫用來讓自己能夠暫時擺脫找不到答案的問題，還有滿腔揮之不去，自我憎恨的心情。

潛藏在許多人心中的自我憎恨，往往難以辨識

你會不會以為，平凡如我，應該遇不到上述問題？或者身邊的親友，稱不上擁有莫大成就，成功背後的巨大孤寂應該於你於他，不會有任何干係。那可不一定。

潛藏在許多人心中的自我憎恨，往往難以辨識。

有些人會用跨越一個成就，再提高門檻，進而再度跨越一個高不可攀的成就來自我挑戰，來克服一旦停止下來，可能浮上心頭的自責及焦慮。

他們深怕被人超越，深怕被人認為懶散，所以陷入了「追求成功」的無止境循環。他們停不下來，必須過度努力；不能休息，因為學如逆水行舟，不進則退。這不就是我們從小到大接受的教育？不能挑戰的真理？

「自我疼惜」是抵禦自我憎恨的良方

在謝家華的案例中，早期的他締造許多次事業上的成功，贏得許多豔羨的目光，肯定的掌聲。想必，成功的背後有許多自我挑戰的煎熬時刻。

然而，在抵達世俗的成功之後，如何安頓自己的心？如何找出退休後的速度？如何從萬眾矚目的舞台上徐徐走下，不被平淡的日常所打敗，不被空虛的感受所侵占，能夠平順地銜接到下一個階段？其實才是更大的生命功課。

所幸，醫學博士麥基卓與黃煥祥指出**自我憎恨的另外一條路徑，就是「自我疼惜」**。

使用心理防衛機制去抵禦不愉快的感受，依賴及深陷成癮行為去逃離不愉快的現實的那些人，從我臨床心理工作多年的觀察下來，確實都沒有走入自我疼惜的循環；相反地，能夠逐漸鬆綁心理防衛機制，逐步擺脫成癮行為的人，都是能夠發展出自我覺察及自我悅納的人。

當然，這並非一蹴可幾，而是透過不斷地演練及修正。還有，**「容許」自己可以不完美**。

允許自己試誤及犯錯

為什麼「容許」自己不完美如此重要呢？因為，你才可以允許自己試誤，接受自己犯錯。

這裡所指的試誤及犯錯，是指用更多的時間，去摸索出更好的情緒轉化及事情處理方式，而不是立即升起心理防衛機制，隔絕真實情緒的流動，還沾沾自喜於「自己沒有浪費時間！」殊不知，是繞了更大一圈，而且還踏入深淵。

所謂自我疼惜，是指覺察（awareness）、承認（acknowledgment）、接納（acceptance）、行動（action）與欣賞（appreciation），它是一個循環的動態歷程。

成功不是詛咒。

成功背後的巨大孤寂，需要學會自我疼惜。

越是抗拒與壓抑，越是強化心理防衛，你需要信任生命，尤其是深度地相信自己

妳告訴自己，要徹底忘掉那個傷透妳的人，結果在午夜夢迴時，腦海中都是有他的畫面。

戒菸總是失敗，是嗎？節食減肥總是反彈，對嗎？這是絕大多數人都會有的經驗，跟自己不想要的想法、情緒、行為及一切……持續糾纏。

當你出現不想要的想法時，你都怎麼辦呢？否認它、轉移它、認同它……透過各種心理防衛機制來壓抑它，是嗎？然而，**想要透過努力去壓抑，往往都是徒勞**。因為心理學的經典「白熊實驗」明明白白告訴你，任何精神層面的控制，一切的思考壓抑都是無用。

白熊實驗：越壓抑自己不要去想，卻越常想到

白熊實驗是由哈佛大學心理學教授，丹尼爾・韋格納（Daniel M. Wegner）所提出。他因為思考壓抑與精神控制的研究享譽心理學界，還因此獲得美國心理科學協會的威廉・詹姆士獎，他所開創的白熊實驗已然成為心理學界的經典。

這一項想法壓抑（thought suppression）的實驗，一再顯示出，你越是壓抑自己不要去想，你就會越常想到，你的思緒越是被它全面占據；你越想擺脫的情緒，你越是擺脫不了，三不五時就會浮現來影響你。

這是不是跟失戀時的人很像呢？你告訴自己，不要去想那個移情別戀的人，要徹底忘掉那個傷透你的人，結果在夜深人靜、午夜夢迴時，腦海中都是有他的畫面。你告訴自己，不要再傷悲，不要再流淚，結果走去上班的路上卻一直掉淚，出門前畫好的眼線都糊成一片。

為什麼會有這種情況呢？因為認知之外，還有後設認知（也有人稱為元認知）。意即你不僅有第一層思考，還有第二層的思考，而且是**夾帶著情緒的判斷及思考**。

以心理防衛來壓抑，但卻反而強化

你在心中反覆強調「我不要」的想法，也就是透過心理防衛機制來壓抑的所有念頭，反而強化了它們在你心中的印象和地位。同時，它還帶來**擴散激活**的作用：丹尼爾・韋格納用小偷逃跑的過程，做了一個活靈活現的比喻。

小偷就是廣大人群當中，動作最激烈的人，因為他正在逃跑；而你最不想要的想法，在所有想法中，情緒感受也是最強烈。小偷在逃跑過程中，會沿途撞到一堆人，撞爛一堆東西，帶來更多的破壞；而**你最想要擺脫，也就是你最不想要的想法，也會帶來更多負面的想法**。

這也是過度使用心理防衛機制，用錯誤的方式保護自己，最終會帶來負面結果的原因。

使用注意力轉移的幾個前提

思考壓抑，就是強迫自己不要去想；自我分心，就是轉移注意力。但我們必須認識到，轉移注意力的前提是有條件限制的，也就是讓你極度痛苦到想啟動心理防衛機制的原因，沒有太過強烈，例如失去摯愛的痛楚。

其次，**用來轉移注意力的方法，必須對你具有強烈的吸引力**。如果你平時就不是喜歡熱鬧，天性內向而喜歡獨處的人，那麼跟朋友相聚吃飯，對於你的情緒改善，往往沒有多大的效益。

此外，**我們更要留意到轉移注意力，長期下來，是否也形成了另一種逃避**。尤其一連串的逃避持續帶來的，不只是對於痛苦情緒及事件的否定，更深遠的影響，是對於自己的否定。

厭惡一部分的自己，乃至於全面性的自己，不願跟別人談及自己的事，尤其是心事，甚至可能帶來各種情緒困擾，包含重度憂鬱。

那麼到底該怎麼做？才能夠處理強迫性思維，也就是所有讓你避之唯恐不及，總是透過心理防衛機制想要除之而後快的思考及情緒呢？

1安排思考線索，也就是改變外在環境：

我們已經明白，過度壓抑思考及情緒，必定帶來日後的反彈，巨大的反撲。每個人都是因為過度控制，所以才會控制失敗。

你不用拿掉所有的誘發線索，因為那是不可能，也是不切實際的，但在環境中，可能激發你思考及情緒的任何線索，你可以透過安排，讓它增加或減少。

環境中的任何元素都可能影響你的思考，大則整體環境，包含建築物，小則一盆花，或一條路。

你可以試想，許多失戀的人光是走過那一條曾經跟著愛人牽手走過的路，就會哭到眼皮發腫；光是吃到同一家店，或相似風味的牛肉麵，就會淚流滿面。當初還是你餵我，我餵你，現在卻是形單影隻，自己一個人把眼淚、鼻涕和麵吞下去。

所以為什麼許多失戀的人，會搬離原本居住的地方，重新開始，這就是減少讓自己回想起情傷的思考線索，增加重新開始的新線索：讓自己更能專注於新生活。

所以，如果你將能夠帶給你鼓勵及支持的線索，例如摯友從國外特地捎給你的明信片，還有已經泛黃卻彌足珍貴的家人合照，放在你觸目可及的地方，如放在書桌前，或布置在走廊牆壁或者床頭櫃上，甚至是把照片護貝，確定能夠防水，貼在浴室鏡子上，它們都能是良好的思考線索。

你透過外在環境的改變，進而激發你的新認知，還有正向情緒的提升。

實驗結果也告訴我們，你不需要全面性地排除那些讓你痛苦的情緒及事件，只要有微小的改變，都能緩解你過度壓抑的情緒，進而不再出現強烈反撲的狀況。

這裡值得留意的是，多數人都習慣待在舒適區，也就是不喜歡變化。所以透過外在環境的改變，聽起來很簡單，但是對於許多人而言，尤其是傾向使用心理防衛機制及深陷成癮行為的人來說，更需要有意識、有計畫地針對外在環境，進行安排及改變。

2 輕輕擁抱白熊，也就是與內在狀態和解：

既然不可能消滅白熊，那麼這隻白熊該怎麼處置呢？我想到一個溫柔的比喻，就是**輕輕擁抱它，不再抗拒**。

這裡最關鍵的前提，也是最重要的提醒，就是你能夠信任生命，對於自己的深度相信。

怎麼說呢？因為這些讓你感到威脅的刺激，這些讓你想要透過心理防衛機制及成癮行為去逃離的人、事、物和情緒，其實都傷害不了真正的你。

當你對於生命，尤其是對於自己擁有深度的信心，你就不會如此恐懼，你就不再需要透過心理防衛機制去壓抑，不再需要藉由成癮行為來逃避。

信任生命，尤其是深度地相信自己。
這會是你逆轉困境，益發成熟的最關鍵開始。

學習「覺知」自己的情緒，而不是一「警覺」危險，馬上祭出心理防衛機制

靜坐練習時，你可以先關掉手邊的３Ｃ用品，尤其是手機，或者切換到飛航模式，避免簡訊及郵件等外界打擾。

因為焦慮、恐懼、不安等痛苦，而透過心理防衛機制餵養出來的成癮行為模式，往往有著僵化而封閉的性質。

它**讓一個人竭盡全力維持「我沒事」的假象**，透過不斷重複的行為排解壓力，卻又累積壓力。

前者是排解第一層的心理壓力：來自於那些不願面對、不想承認及難以處理的事情、刺

激及痛苦情緒；後者則是長期的成癮行為，也就是僵化反應所帶來的詛咒：我必須一再使用，沒有其他更好的選擇。若是不讓我喝酒、不讓我購物、不讓我上網、不讓我使用社群媒體……就會更難受，千萬不要阻攔我。

然而，真正的核心問題，也就是引發痛苦的事件及所有難受的情緒，仍繼續在底層醞釀、翻騰及茁壯著，自然是累積出更多壓力。

個案持續在生命困境裡卡關……

盛行多年，蔚為主流，用來解釋心理困擾與精神疾病發展的架構，就是生理—心理—社會模式（Bio-Psycho-Social Model），還有以此模式，作為後續心理治療的脈絡。

然而，在臨床心理工作執業十多年下來，我總是有不少遺憾及困惑。因為，你會發現有些個案在他的生命困境裡持續卡關，讓人心疼，也讓人感慨，同時也讓我自問：到底問題的環節出在哪裡，作為主流的生理—心理—社會模式，是不是需要擴充及更新？

於是，近幾年，開始納入了靈性（Spiritual）的向度，作為全人模式，也就是從生理—心理—社會模式，擴充為生理—心理—社會—靈性模式（Bio-Psycho-Social-Spiritual Model）。

對我而言，這是一個極大的進展與突破，同時也升起許多感慨與反思。

首先來說明，何謂生理—心理—社會—靈性模式？

生理層面，可想而知就是身體、大腦結構、神經傳導物質等生理機能；心理層面，就是天生氣質、性格特質、認知風格等反應傾向；社會層面，就是原生家庭、社會文化等外在環境。

至於「靈性」，就是一個抽象、無形和流動的概念。它指涉了許多層面，從非關宗教（神學）的積極信念，到宗教信仰的經驗，甚至是宇宙訊息，也就是多次元觀。靈性所牽涉的範圍之廣，遼闊到難以定義。

不可否認，宗教信仰對於許多遭逢生命重創的人，尤其是那些無法解釋、不合邏輯的意外事件，帶來很大的支持及力量。然而，這也與強調實證主義的心理學出現了衝突與矛盾。

所以，Saad、Medeiros和Mosini等人的研究指出，我們需要新的科學典範，去探索意識與身體，去瞭解心智與大腦彼此獨立的可能性，才能夠用來理解當代科學家及醫生無法解釋的事件，例如瀕死經驗，還有前世今生的相關記憶。

成癮的主流處理方式，多聚焦於行為的改變

這也帶給我最深刻的反思。為什麼呢？科學的傲慢、主流的霸權，還有獵巫行動的省思。只要不屬於科學，不能夠驗證，不符合主流價值觀的發現，就會被打入冷宮，甚至是地獄。

然而，許多尚未成為主流的發現，彷彿來自於未來。等到過了數十年，才廣為大眾接受，成為主流。

換言之，太早提出的先知，就會成為獵巫行動的犧牲者。你可以想見，在十六世紀提出「日心說」的哥白尼，雖然為後世留下寶貴的遺產，然而在那個時代，卻受到羅馬教廷的處處壓制。換言之，真知出現得太早，往往都會受盡委屈，含冤莫名。

這跟心理防衛機制，還有成癮行為有什麼關聯呢？

許多人酗酒難戒，許多人成癮難改。因為真正要改變的不是眼前的問題行為，而是當事者整體心靈能量的改變及心理狀態的提升。

主流的處理方式，多聚焦於行為的改變，外在環境的調整。其次，才是當事者的心理狀態。至於心靈能量，很少有人談，更遑論當前的醫學及心理學。

重點不是警覺，而是「覺知」

然而，只要你是深受心理防衛機制及成癮行為所苦的人，或者你是最親近的伴侶或家人，一定會有很深的感觸，那就是自己（或對方）並非毫無改善的動機。然而，為什麼嘗試尋求改變，卻彷彿爛泥一樣，總是扶不上牆？道理都知道，卻總是做不到呢？

因為心靈能量的改變，還沒有跟上；因為心理狀態的提升，需要練習與時間。

這就必須談到「警覺」與「覺知」的差別。重點不是警覺，而是「覺知」。警覺仍有示警，尤其是危險的意味，但**覺知就僅僅是「知道」什麼情緒正在升起，什麼事情正在發生，不涉及對錯、好壞與是非。**

這重要嗎？當然。別忘了，心理防衛機制就是用來保護自己，免於危險。當你開始拿掉警覺，也就是危險的警報器時，你就能看見這一切是如何發展，而不是先逃為快，先祭出心理防衛機制作為擋箭牌。

持續走向內心，保持「觀察」的眼睛

觀察什麼刺激出現，就會立即喚起我們習慣用來抵禦的心理防衛機制；觀察刺激一旦消失，我們就能與心理防衛機制脫鉤，與成癮行為保持距離，不被駕馭的清醒時分。

當你清楚觀察到這兩者的差別，就能有意識地用有效而無害的方式，幫助自己緩解情緒。

不再透過心理防衛來保護自己，不再反覆地運用成癮行為來自我麻醉，來逃避現實。

不只是靜坐練習，更是深沉地呼吸練習

多數人的靜坐體驗跟我一樣：坐不住，好無聊。不是度日如年，而是度分如年。明明才剛坐下，就想要起身；又或者開始練習靜坐了，卻不知道什麼才是好好靜坐的指標。

不過，根據我個人的靜坐練習所帶來的觀察，就是你的呼吸夠不夠深沉，一吸一吐之間，是急促，還是平緩。

靜坐與放鬆息息相關。靜坐練習，你可以先關掉手邊的3C用品，尤其是手機，或者切換到飛航模式，避免簡訊及郵件等外界打擾。

別忘了，現代人都有的相同問題，就是手機彷彿有生命，手機彷彿會呼吸，所以只要是

開機狀態，自己就會時時確認，時時掛心。

允許自己在接下來的三十分鐘，甚至一小時，能充分浸淫在自己的心理時間。

剛開始的時候，可以運用節拍器來對比及提醒自己的呼吸速度，是否過快（通常不會是過慢），更要留意自己是不是「鼻子吸氣，鼻子吐氣」。

楊定一博士指出，嘴巴呼吸乍看效率高，卻打破血液中的二氧化碳平衡，血紅素攜帶的氧能夠進入身體組織的量因而下降，反而導致身體缺氧。

持續練習，呼吸自然變得深長，還能帶動副交感神經的放鬆作用。

你也會發現，自己成為了生命的主人。不再匆匆忙忙地不斷回應外界，終於回到了內心的平和與寧靜。

瞭解生理—心理—社會—靈性模式的意義，在於你能透過超越當前主流的方式，擴展你的意識，帶來更多改變的可能性；進而解除不成熟的心理防衛，從成癮行為中解脫，不再受困其中。

你該開始納入靈性層次的思考，從意識擴展到心靈能量的改變，帶來生命的真正自由。

學習觀察自己何時會使用心理防衛，甚至有成癮行為，才能逐步跳脫惡性循環

「老實說……我甚至知道安眠藥應該就只是心理安慰劑，但不吃，我就是會擔心。我擔心我不吃，會影響明天的工作進度及業績。」

你聽過鷸蚌相爭的故事嗎？這是出自《戰國策》，用來說明兩方互相爭鬥，最後由第三者得利。

心理防衛機制是所有人都會使用的生存策略，無一例外，無可厚非。然而，不成熟的心理防衛機制不僅可能會發展出成癮行為，讓你深陷並受困其中，也會讓你和身邊的伴侶、家人、朋友及同事關係日漸疏離，或者長期緊繃。

鷸蚌相爭，就是引發你痛苦感受的人事物，而你與它拔河及拉扯，然後由心理防衛機制得利，甚至是由成癮行為掌控局面，操控你人生的大局。

究竟是什麼原因，讓你不自覺使用心理防衛？

你可曾深入剖析及瞭解，引發你痛苦，讓你下意識想要壓抑及逃避的刺激，究竟是什麼東西？

是一段多年前的痛苦情傷？還是你曾經犯下的過錯或蠢事？抑或是你無法面對及接受的失敗？你認為這些事情會讓你在所有人面前抬不起頭，會讓你的尊嚴掃地？

可是，你知道嗎？**你並不等於你的痛苦，你也不等於你的困境**。

學習觀察自己是否正在使用心理防衛

你是痛苦及困境的觀察者。當你學習透過觀察者的角度，去看到「引發你痛苦感受的刺激出現→你開始動念，想要使用心理防衛機制→化為行動，立即採用成癮行為」的歷程及循環時，你就開始踏上重新獲得自由的旅程。

因為這代表你開始覺醒，你不再如同迷宮裡的老鼠，只是在迷宮裡焦急地繞圈。

當你了悟到，心理防衛機制就是你採用的一種保護措施，為了能夠壓抑痛苦，但卻將痛苦壓抑得更深，甚至是共生、共融，也就是你開始驚覺，你把自己融化在裡面，而你的創造力、能動性、自由度及個體性就大大銳減。

成癮是阻隔痛苦、尷尬、為難，甚至是羞辱的情緒

所以吃藥吃了六年，他只有三十歲，卻已經藥物依賴好長一段時間。

「夜深人靜時，情緒反撲的感覺又來了……恐慌、焦慮、翻來覆去，就是無法入睡……」生理狀態對於藥物的習慣及心理痛苦的雙重夾擊，讓他豎起白旗，卻又天人交戰。

「老實說……我甚至知道安眠藥應該就只是心理安慰劑，但不吃，我就是會擔心。我擔心我不吃，會影響明天的工作進度及業績。」服藥超過六年的他，睡眠品質仍時好時壞。安眠藥對於他的助益，更多時候就只是象徵性地安慰而已。

成癮行為對於許多人來說，是抗拒內心世界的一種心理防衛。表面上，是抗拒他人瞭解，不願意讓別人走向自己；**其實是他抗拒他自己**。

他不願走入自己的內心世界，去剝開那些他運用心理防衛及成癮行為所阻擋，層層包裹起來的那些痛苦、尷尬、為難，甚至是羞辱的情緒。

所以喝酒喝了十年，他即將邁向四十歲，酒精依賴及成癮占據他四分之一的生命。

「壓力一來，我就喝酒，家人一嘮叨我，我就喝得越多、喝得更凶。喝酒又不犯法，而且這麼多人都提倡喝點小酒，有益血液循環……」他一邊自白，又一邊辯解著。

過度使用心理防衛，是一場內耗的戰爭

一開始提到的壓力源，也就是困住他、影響他的重要訊息，如同曇花一現。隨著心理防衛機制（辯解）的出現，就擦肩而過，錯失機會，深入探索。

我想起肌肉動力學（Kinesiology），它是一門研究心智與身體關係的學科。肌肉動力學指出，一個負面的想法或感受，就會削弱你，造成身體能量的流失。換言之，心理防衛機制會

使一個人的內心力量及身體能量減弱。內心力量與身體能量互為表裡，不是此消彼長，而是一起強，或者一起弱。

過度使用心理防衛，就是派兵攻打自己人，是一場內耗的戰爭。

那麼，你可以怎麼幫助自己呢？當你開始觀察到「引發你痛苦感受的刺激出現↓你開始動念，想要使用心理防衛機制↓化為行動，立即採用成癮行為」，你可以做的，就是：

1不必尋求任何人的認同：

為什麼這些人事物會引發你的痛苦？因為你的內心深處有著「我必須」、「我應該」的標準。**這些「我必須」及「我應該」，都是為了換得別人的認同，背離了真正出於你自己的認同。**

我必須功成名就？然而，你真正渴望的生活，只要一簞食，一瓢飲就已經足夠。

我應該在三十歲以前結婚，三十五歲以前生小孩；三十歲以前有車，四十歲以前有房？其實你並不渴望家庭生活，搭公車、騎單車或者租房子、住家裡就是理想的生活。

你該認同的對象，從來都是你自己，不是外在。

2不要堅持過度，更不要嚴格約束：

很多人無法接受自己的黑暗面，對於痛苦情緒也有著錯誤的認知。認為自己內心的黑暗面或痛苦情緒，必須除之而後快，或者壓抑更深，絕對不能被他人知道。

然而，你要知道堅持過度、嚴格約束就是日後反撲的訊號。節食失敗，就是因為先前的飲食計畫太過嚴苛，讓自己太過痛苦。

心理防衛機制出現時，看到自己「又在否認了」，「又在反向了」，「又在轉移了」，「又在投射了」……然後你笑一笑，也是自我解嘲。

你從入戲太深的局內人，成為能夠自我覺察，清楚明白的觀察者。

想要喝酒？喝一杯就好。想要購物？買一個就好。想要使用社群軟體？設定時間就好。過度壓抑自己，往往只是蓄積沒有出口的能量。你鑿了一個剛剛好的洞，讓能量釋放出去。尤其是，你內心的感受及渴望，不再被漠視，而是獲得回應。

鷸蚌相爭，你不是鷸，也不是蚌，而是「觀察」者，也就是漁翁。

心理防衛機制，人皆有之，然而，不成熟的生存策略，用錯誤的方式保護自己，無法因應一百歲的人生。

拜醫療及科技進步，現代人的餘命越來越長，每個人包含你、我，都有很大的可能性會活到一百歲。

唯有跳脫惡性循環，成為觀察者，找回創造力、能動性及個體性，就能讓自己活得自由。

承認、接納及處理自己的陰暗面，緩緩卸下心理防衛

「高血壓、高度緊張及焦慮已經成為我的特色……」他苦笑著，也時常去身心科的門診報到。但總之，吃藥就好，吃藥就能穩定下來，也能維持開會及工作。

心理防衛機制，當然就是心理層面的底層運作。那麼，看得見的外顯表現又是什麼呢？具體明確的表現，就是成癮行為；而若有似無的表現，就是身心症狀、內外矛盾或隱隱不快的情緒感受，無論是緊張、焦慮、不安或憂鬱。

具體明確的成癮行為，往往也讓身邊的家人及親密伴侶深受其害，因為酒癮而惹出的無數禍事，因為購物成癮所積欠的大筆帳款。

還有相對難以啟齒，因為性成癮而可能招致的性病……親密伴侶所受到的波及，不只是發現他多重性伴侶、出軌、婚外情……帶來的心理打擊，還有因此帶給自己的健康危機，也就是染上性病的風險及可能性。

若有似無的身心症狀，內外不一致而矛盾的情緒感受的主要受苦者。換言之，就是**受到身心症狀及矛盾情緒明顯衝擊的人，就是使用心理防衛的當事者**。

他們的心理防衛……

一個人將屬於自己的內在情緒投射出去，投到了其他人身上，並且將解釋的方向完全倒轉過來。

這就好比，「我沒有不開心，我沒有在意。」而是「他讓我不開心！他踩到我的底線！都是他來惹我的……」「都是嚴格防疫措施，讓我的自由受到限制，我才會容易焦躁，因此產生怒氣……」屬於自己的不愉快，卻成了別人與世界與他為敵。

「我哪有酒精成癮？這樣哪裡算得上酗酒？我只是喜歡『品酒』！妳不懂啦！懂得生活

及品味的風雅人士，有誰不喝酒？」其實他長年透過酒精來掩蓋自己失眠的問題。

最初喝酒，也是因為失戀，才讓他開始接觸酒精……那是一段不願回想，不敢觸及，已經塵封多年的傷心往事。

「高血壓、高度緊張及焦慮已經成為我的特色……」他苦笑著，也時常去身心科的門診報到。

身為頂天立地的男子漢，也是使用心理防衛機制壓抑內心感受的族群。

總之，吃藥就好，吃藥就能穩定下來，也能維持開會及工作。其實，每天忙著跨國會議及生產線上的進度，全心全意投入工作就是他轉移內心痛苦的方式。

他是聰明人，他都知道，只是**他不願往內心深處走**。所以，他將裝著高血壓及協助情緒穩定的藥物帶著走。

承認、接納及處理自己的陰暗面，好難

其實，要認出自己的陰影面並不難，但是要承認、接納及處理自己的陰暗面卻是難上加

難。

因為你會籠罩在無形的內外壓力中，陷入交戰：無論是來自道德層面的譴責，還是來自你追求完美、自我要求過高的責難。這些壓力都是看不見，但一定存在的。

每個人都有過相似的成長經驗：擔心考試成績不好，會被爸媽責罵，或是學業表現太差，等於在同學面前丟臉而選擇作弊。

不料，作弊被老師抓到，還說謊以對；謊言被拆穿，還死不承認，更不願意認錯道歉。不正是許多人（包含你我）在求學生涯中，很常見到的狀況嗎？

陰影面的背後，是期待與求好

認出陰影面，是為了要看見陰影背後，其實是光明面：希望被爸媽肯定，希望獲得老師喜歡及同學的掌聲，希望在所有人心中，樹立自己的價值，這不就是求好動機嗎？

只是用了錯誤的方式，還有一層又一層地包裝，一而再地潛抑，進而化為心理防衛機制。

又或者，失戀讓你失去自信，對世界與人性充滿懷疑。喝醉就不會想到她了，開始借酒澆愁，或者開始透過購物、網路、社交媒體……來填補愛人離去的空虛，來撫慰自己受創的感情。

逐漸地，酒精成為你日常不能沒有的飲品，社交媒體也是，不能上線比停水停電更讓人難以忍受，更讓人抓狂及焦慮。

其實，**你真正需要的不是酒精及社群，而是有人陪伴你，有人懂你，尤其是有人能夠愛你**。這是親和動機（Affiliation Motivation），是與人親近的內在動機，每個人都需要別人關心、支持與肯定，渴望友誼，期盼愛情……是愛別人，也是愛自己的驅力，再正常不過。

然而，有些人卻透過心理防衛機制及各種成癮行為，覆蓋掉了它原本的樣子，甚至背離。

陰暗面人皆有之，只要不被駕馭就好。不被陰暗面駕馭，你就不會過度動用心理防衛機制，去抵消陰暗，去覆蓋黑暗，就怕它會現出原形。

過度使用心理防衛，就是把能量投入在錯誤的方向上，也是引領自己走向成癮及自我毀滅的道路上。

認出陰影，那仍是你的一部分

為什麼一定要消滅陰影呢？為什麼一定要壓抑、否認、抵消或扭曲呢？**能夠共存，就是接納自己的證明**。

不只是共存，黑暗與光明也是此消彼長、往復循環的動態歷程。老子《道德經》的「曲則全，枉則直，窪則盈，敝則新，少則得，多則惑」。其中「窪則盈，敝則新」，是指低窪處就會盈滿，那麼你可以推想，盈滿了就會流出來；「敝則新」是指物品舊了、壞了就會換新，那麼你可以推想，新的物品用久了就會折舊，不就是往復循環，如出一轍的道理。

運用心理防衛機制，阻隔讓自己感到不快、痛苦情緒，不去面對應當面對及負起責任的事，甚至引起了更多負面影響，是每個人的生命及成長過程中必然經歷的事。

為什麼呢？因為**每個人都在學習，如何從不成熟的生存策略，逐漸進化到使用成熟的生存策略，作為我們應對外界及因應壓力的好方式**。

看穿情緒的作用力，給陰暗面更多的餘裕，逐漸發展出「完整」的自己。整合陰影不能心急，因為它就如同建造羅馬一般的浩大工程。

卸除心理防衛機制，需要更多的溫柔與耐性。你要對自己更溫柔，還有對於一次不成功，再次嘗試，就會成功，也就是不畏挫折的耐性。

從可見的身心症狀及成癮行為，看到底層的心理防衛機制。卸除防衛，不再分裂，我們都能整合「屬於自己」的完整。

【結語】

突破心理防衛，不被成癮行為駕馭，我們都能恰到好處地保護自己，更活出強大的生命力

時間快轉到十五年前。當時，我正在就讀心理學研究所，正在桃園療養院進行三年級的全職實習，其中一項實習項目就是美沙酮替代療法的跟診。還記得，美沙酮替代療法門診的醫師在門診空檔，不僅教導我們這些實習生，更分享了他的相關觀察。

醫師說，有替代療法門診的這幾天，醫院停車場的失竊率特別高，很多車子的車窗都會被打破。

當時二十多歲，臨床工作經驗還是菜逼巴的我，第一時間腦筋沒有轉過來，心中浮現一個碩大的問號。

接著醫師不問自答：「因為毒癮患者要偷值錢的物品去變賣，才能購買價格高昂的毒品。」我頭頂的那顆問號燈泡瞬間一亮，想必正是頓悟的瞬間。是啊！癮頭一來，多數人幾乎克制不住。人即使都已經進了醫院，就快走到戒毒門診了，有替代的美沙酮得以使用，然而還是受不了，彷彿不由自主般地打破車窗，犯下竊盜罪。

原本只是想吸毒，結果違法犯下的事件及問題，更是一樁接一樁，變得益發盤根錯節。成癮患者不知道嗎？我相信，在他們尚未成癮的多年前，或者成癮之後但癮頭沒來，理智清醒或日後悔不當初之際，肯定也覺得得不償失。

當然，不只是毒癮，還有酒癮也是。

截至今天，那些透過酒精逃避自己，麻痺自己內心的痛苦，明知借酒澆愁愁更愁，進而發展成酗酒及酒癮的人，後來都怎麼了呢？

有些人酒駕肇事，釀成許多家庭的慘痛悲劇；有些人酒後亂性，攻擊最親近的家人，讓深愛他的親友恐懼及傷心莫名，導致家庭破碎，妻離子散。更甚者，也有因為吸毒及酒後意識混亂，踩空階梯而摔傷，或自駕撞上護欄，導致半身不遂及腦傷而終身臥床，亦有所聞。

這些都不是物質，也就是毒品及酒精直接帶來，卻是間接帶來，幾乎必然的重大負面影響。那些接連而來的破壞性結果，才是最讓人感慨及得不償失的部分。

而這些成癮行為追本溯源，都來自於心理防衛，可能是轉移、合理化、抽離、認同、投射……的作用，繼而發展出酒精、毒品、食物、購物……成癮，讓自己越陷越深。

沒有人真心想要搞砸自己的人生

還記得本書最初對於心理防衛的定義嗎？它是一種**不成熟的生存策略**，也就是「**用錯誤的方式保護自己**」，藉此避免在漫長人生的不同階段、各個面向裡，可能會有的焦慮、衝突及痛苦等情緒。

為了降低這些不舒適，為了維持自我功能得以繼續運作，所以透過各種心理防衛機制，來減緩負面情緒的衝擊。所以，當我們能夠在負面情緒出現時，時刻保持覺察，並且作為警訊，就能及早提醒及教育自己，接下來可以走的保護自己途徑，哪些路徑可行，哪些路徑將會是通往地獄。

尤其，心理防衛機制琳瑯滿目、五花八門，有些心理防衛相對中性，甚至看似正向（例如昇華），適度使用，甚至還能貢獻社會。至少，能夠協助你不至於在壓力最高張、情緒最痛苦時被壓垮，度過身心難熬的時間。

可想而知，沒有人真心想要搞砸自己的人生。沒有人是在徹底明瞭心理防衛機制及成癮行為的前提下，卻選擇了要繼續使用，只為了重創自己及別人的一生。

只是用了傷人傷己，也就是錯誤的方式保護自己

許多人一開始都是想著，毒品只是「暫時」用一下，酒也是喝個幾杯，或喝個幾瓶，我應該克制得住啊！朋友總不會害我吧？更何況朋友他們也在吸（毒）啊，也在喝（酒）啊！

乍聽起來，都很合理。

但是，每個人的耐受性不同，每個人的生理反應、傷害性結果的出現速度也不一樣，有人快，有人慢。以上正是心理防衛機制的運作，不是嗎？

唯有誠實面對，找到完整的自己

你的情緒，你最明白；只是你選擇逃避及壓抑下來。

我們都會有不願面對的問題，自然會有想逃避的念頭。然而，若是你明白：**沒有生命是沒有問題的**。把問題當成「挑戰」，接下來會比較好辦。意思是，面對它，才能處理它。你不一定能夠做到把各種心理防衛都處理到乾乾淨淨，不留一絲痕跡；而是不被徹底駕馭，活得彷彿是殭屍（近年影劇特別大熱門的題材之一）。

活人一出現，這些喪屍就情不自禁一般地狂撲上去；這就好比我們生命中的問題出現，造成情緒痛苦時，慣用的心理防衛就會立即祭出，發展出來的成癮行為就會如影隨形，啃噬你我的生命及關係。

唯有誠實面對這些「挑戰」及情緒，發現**這些課題及不愉快的情緒就是你的一部分，是完整的自己當中所缺少的一片拼圖，而你可以用溫柔並漸進的方式，把它放在正確的位置**。而不是撕碎它、焚毀它，讓生命的拼圖永遠不完整。重點在於，是**完整而不是完美**，不需要太好看。

最重要的是，把這些用來心理防衛的情緒落差，化為創造的推動力

無論是存在心理治療大師歐文・亞隆（Irvin D. Yalom），還是二十世紀最具影響力的靈

性導師克里希那穆提（J. Krishnamurti，一八九五—一九八六），終其一生都在誠實面對他們自己，然後不懼怕任何東西，而這些都轉化成了他們分享給世人的一生智慧。

你想要壓抑的、否認的、合理化、反向的那些問題，不正反映出了你的內心深處有一股很強烈的情緒，想要用來保護自己，只是用錯了方式。

大師與凡人沒有不同。若有不同，就是大師都是及早走向內在，面對內心的人；不再心理防衛，不再逃避自己。甚至不少大師都「曾經」是使用迷幻藥，或者酒癮及性成癮的患者。然而，就**在他們選擇認識自己心中的瘡疤，面對自己長年逃避的議題並且化為創造力時，他們的人生故事及生命高度也隨之起了重大變化**。

每個人都有想要活好的渴望，都有想要改變壞習慣、擁有美好人生的動力。如果當下做不到，你不需要責難自己；如果對方做不到，他只是在做困獸之鬥。只要參考本書的建議循序漸進，尤其是透過書中案例支持及鼓勵自己。無論如何，請不要放棄自己。

我時常打趣卻務實地比喻，人生說短很短，說長也很長。如果你的餘生至少還有三十年，甚至還有五十年好活，認識心理防衛及解除成癮行為，絕對是今生最值得的投資。因為你會飛出成癮行為的牢籠中，並且享受這份自由很久。接著，帶來意想不到的精采人生及收穫。

【特別企劃】

15種常見的心理防衛機制解析

1心理防衛機制——轉移（displacement）

將強者引發的不愉快情緒，導向相對較弱的對象，而非引發者的身上，因為感到比較安全。

2心理防衛機制——壓抑（repression）

產生痛苦情緒或是回想起不愉快的事件，乃至於重大心理創傷時，有意識地壓制自己不去接觸及討論，減少痛苦感受的強度，或避免擴大及蔓延。

3心理防衛機制——合理化（rationalization）

用看似理性，合乎邏輯的方式，為自己的行為、情感及問題進行辯護及解釋；藉此得到正當性，使其他人可以接受。

4心理防衛機制——投射（projection）

將屬於自己的想法、欲望或情緒，強加、推拖或歸咎到另外一個人的身上。

5心理防衛機制——抵消（undoing）

透過象徵性的事情及行為表現，來抵消已經出現的念頭或不愉快的感受。例如愧疚、罪惡感或不被社會接受的想法。

6心理防衛機制——退化（regression）

放棄成熟的方式，退到幼稚的發展階段，藉此來逃避相應的責任及理該有的作為，甚至可以獲得關愛、照顧及依賴。

7心理防衛機制——反向作用（reaction formation）

將自己無法接受的內在想法、感覺及衝動，轉變成為完全相反的外在態度及行動。

8心理防衛機制——控制（control）

強力控制生活中所有能掌控的變數，讓世界能依自己的方式運行，減少不確定性所帶來的擾動與不安。

9心理防衛機制——抽離（isolation）

抽離部分事實，不讓自己意識到，避免與之距離太近，以防感到不愉快或痛苦。

10心理防衛機制——認同（identification）

向成就、表現優於自己的個人或團體認同，藉此來消除現實生活中，因為自己尚未成功而有的焦慮及挫折感，同時帶來安全感。

11心理防衛機制——扭曲（distortion）

刻意曲解事實，並且讓它符合自己內心的需求，或期盼的樣子。

12心理防衛機制——理想化（idealization）

過度美化，有著不切實際的期待，彷彿一切完美、無可挑剔及無堅不摧的狀態。

13心理防衛機制——理智化（intellectualization）

試圖控制欲望和情感，訴諸「冷靜」的科學，與全然絕對的理性。

14心理防衛機制——否認（denial）

拒絕承認讓自己感到不舒服，甚至會引發極大痛苦的具體事實或明顯現實，藉此來保護自己，捍衛自尊。

15心理防衛機制——昇華（sublimation）

用合乎社會期待，甚至會被崇尚的方式來獲得衝動的抒發，內在情緒及需求的滿足。

國家圖書館預行編目資料

心理防衛：壓抑、投射、成癮……我們用傷人傷己的方式保護自己嗎？／洪培芸著. ——初版. ——臺北市；寶瓶文化, 2022. 04
面；　公分, ——（vision；225）
ISBN 978-986-406-282-9（平裝）
1. CST：情緒　2. CST：防衛作用
176. 52　　111002982

寶瓶 AQUARIUS

Vision 225

心理防衛——壓抑、投射、成癮……我們用傷人傷己的方式保護自己嗎？

作者／洪培芸 臨床心理師
副總編輯／張純玲

發行人／張寶琴
社長兼總編輯／朱亞君
資深編輯／丁慧瑋　編輯／林婕伃
美術主編／林慧雯
校對／張純玲・陳佩伶・劉素芬・洪培芸
營銷部主任／林歆婕　業務專員／林裕翔　企劃專員／李祉萱
財務／莊玉萍
出版者／寶瓶文化事業股份有限公司
地址／台北市110信義區基隆路一段180號8樓
電話／(02) 27494988　傳真／(02) 27495072
郵政劃撥／19446403　寶瓶文化事業股份有限公司
印刷廠／世和印製企業有限公司
總經銷／大和書報圖書股份有限公司　電話／(02) 89902588
地址／新北市新莊區五工五路2號　傳真／(02) 22997900
E-mail／aquarius@udngroup.com

法律顧問／理律法律事務所陳長文律師、蔣大中律師
如有破損或裝訂錯誤，請寄回本公司更換
著作完成日期／二〇二二年二月
初版一刷日期／二〇二二年四月一日
初版三刷日期／二〇二二年七月十一日
ISBN／978-986-406-282-9
定價／三七〇元

AQUARIUS 寶瓶 文化事業

愛書人卡

感謝您熱心的為我們填寫，
對您的意見，我們會認真的加以參考，
希望寶瓶文化推出的每一本書，都能得到您的肯定與永遠的支持。

系列：vision 225　書名：心理防衛——壓抑、投射、成癮……我們用傷人傷己的方式保護自己嗎？

1. 姓名：＿＿＿＿＿＿＿＿　性別：□男　□女

2. 生日：＿＿年＿＿月＿＿日

3. 教育程度：□大學以上　□大學　□專科　□高中、高職　□高中職以下

4. 職業：＿＿＿＿＿＿＿＿

5. 聯絡地址：＿＿＿＿＿＿＿＿＿＿＿＿＿＿＿＿

聯絡電話：＿＿＿＿＿＿＿＿　手機：＿＿＿＿＿＿＿＿

6. E-mail信箱：＿＿＿＿＿＿＿＿＿＿＿＿

□同意　□不同意　免費獲得寶瓶文化叢書訊息

7. 購買日期：＿＿年＿＿月＿＿日

8. 您得知本書的管道：□報紙／雜誌　□電視／電台　□親友介紹　□逛書店　□網路
□傳單／海報　□廣告　□其他

9. 您在哪裡買到本書：□書店，店名＿＿＿＿＿　□劃撥　□現場活動　□贈書
□網路購書，網站名稱：＿＿＿＿＿＿　□其他＿＿＿＿＿

10. 對本書的建議：（請填代號　1. 滿意　2. 尚可　3. 再改進，請提供意見）

內容：＿＿＿＿＿＿＿＿＿＿

封面：＿＿＿＿＿＿＿＿＿＿

編排：＿＿＿＿＿＿＿＿＿＿

其他：＿＿＿＿＿＿＿＿＿＿

綜合意見：＿＿＿＿＿＿＿＿＿＿＿＿＿＿＿＿＿＿＿＿

11. 希望我們未來出版哪一類的書籍：＿＿＿＿＿＿＿＿＿＿＿＿＿＿

讓文字與書寫的聲音大鳴大放

寶瓶文化事業股份有限公司

（請沿此虛線剪下）

廣 告 回 函
北區郵政管理局登記
證北台字15345號
免貼郵票

寶瓶文化事業股份有限公司收

110台北市信義區基隆路一段180號8樓

8F,180 KEELUNG RD.,SEC.1,

TAIPEI.(110)TAIWAN R.O.C.

（請沿虛線對折後寄回，或傳真至02-27495072。謝謝）